Menschsein lernen

Fröhliche Wissenschaft 200

Tu Weiming

Menschsein lernen

Entwurf eines Humanismus im konfuzianischen Geist

Herausgegeben von Kai Marchal

Mit Beiträgen von Helwig Schmidt-Glintzer, Huang Kuan-min, Herta Nagl-Docekal, Hans van Ess, Jonathan Keir und Ralph Weber

Matthes & Seitz Berlin

Inhalt

Zur Einführung

Dieses Buch enthält die deutsche Fassung des Textes »Geistiger Humanismus: Selbst, Gemeinschaft, Erde und Himmel« von Tu Weiming (geb. 1940). Bei diesem Text handelt es sich um ein Vortragsmanuskript, das der bedeutende chinesisch-amerikanische Philosoph, Intellektuelle und emeritierte Professor der Harvard-Universität auf dem 24. Weltkongress für Philosophie im August 2018 in Beijing verlesen hat. Der Weltkongress für Philosophie, der auch dank Tu Weimings Engagement zum ersten Mal überhaupt in der Volksrepublik China stattfinden konnte, stand in jenem Jahr unter dem Motto »Learning to be Human«. In seinem Vortrag unternahm es Tu,[1] aus konfuzianischer Sicht eine Antwort auf die grundsätzliche Frage zu formulieren, was es heißt, das Menschsein zu lernen. Der knapp fünfzigseitige Text bietet zugleich eine ideale Einführung in sein Denken.

Tu Weiming ist in der deutschsprachigen Welt längst nicht so bekannt wie in Nordamerika, wo er seit vielen Jahrzehnten als ein wichtiger Repräsentant der ostasiatischen Kultur wahrgenommen wird. Sein publizistisches Wirken steht für eine Hybridisierung des Denkens, wie sie in der Gegenwart oft eingefordert, doch nur selten überzeugend realisiert wird. Ein Hindernis für die Auseinandersetzung mit diesem Philosophen ist, dass die jahrtausendealte chinesische Geistesgeschichte, vor deren Hintergrund er seine Gedanken entwickelt, nur den wenigsten Leserinnen und Lesern in Europa vertraut sein dürfte. Die dem Vortrag angehängten sechs kurzen Essays von Sinologen, Philosophinnen, Politik- und Literaturwissenschaftlern haben daher zum Ziel, zentrale Gedanken Tus herauszuarbeiten, historische und gesellschaftliche Kontexte zu beleuchten und mögliche Einwände zu skizzieren. Zugleich machen sie Vorschläge, wie in dem sich allmählich herausbildenden Raum eines *globalen Denkens*, der nur zu leicht von unseren modernen Sehnsüchten nach Eindeutigkeit und kultureller Authentizität blockiert wird, in Zukunft weiterzudenken wäre.

Tu Weiming hat seinen Vortrag in englischer Sprache niedergeschrieben; im Rahmen des Weltkongresses wurde das Manuskript sodann ins Chinesische und in viele andere Weltsprachen übersetzt. Die vorliegende Übersetzung hält sich an das englische Original. Im Interesse der Lesbarkeit wurden einige englische Formulierungen behutsam dem deutschen Sprachgebrauch angepasst. Alle Anmerkungen in eckigen Klammern stammen vom Herausgeber. Für die des Chinesischen kundigen Leserinnen und Leser wurden die wichtigsten chinesischen Schriftzeichen eingefügt. Soweit nicht anders angezeigt, verweisen alle Seitenzahlen auf den Vortragstext.

Tu Weiming

Geistiger Humanismus: Selbst, Gemeinschaft, Erde und Himmel

Aus dem Englischen
von Kai Marchal und Guje Kroh[1]

Konfuzius hat einen umfassenden, ja vollkommenen Weg aufgezeigt, wie wir das Menschsein erlernen können. Die konfuzianische Philosophie geht von dem konkreten, im Hier und Jetzt lebenden Menschen aus. **Konkret** bezieht sich auf die Ganzheit des Menschen, die Körper und Geist umfasst. Da ich hier Englisch verwende, ist ein Hinweis angebracht. Das Wort Körper (*body*) mutet unkompliziert an; es vermittelt indes, wie wir noch sehen werden, Bedeutungsnuancen, die über den physischen Körper hinausgehen. Das Wort Geist (*mind*) aber wäre im Kontext meiner Überlegungen wenig hilfreich, weil ich nicht allein die kognitive Funktion des Verstandes behandeln möchte, sondern auch die emotionale Funktion des Herzens.

Um Missverständnisse zu vermeiden, verwenden Wissenschaftler in der internationalen Konfuzianismusforschung häufig die englischen Komposita »mind-and-heart« oder »heart-and-mind« [als Übersetzung des chinesischen Wortes *xin* 心]. Ich ziehe »heart-and-mind« vor, um die Bedeutung des Gefühls in der konfuzianischen Tradition hervorzuheben. Tatsächlich ist es noch etwas komplizierter, denn der ganze Mensch in seiner Konkretheit umfasst nicht nur den physischen Körper, das Herz und den Verstand, sondern auch Seele und Lebensgeist [im englischen

Original *soul and spirit*, in der chinesischen Übersetzung *linghun he jingshen* 靈魂和精神]. Wenn ich also das Wort konkret benutze, möchte ich keineswegs den Eindruck erwecken, als ob ich damit lediglich den physischen Körper meinte.

Wenn Sie meine Auffassung von konkret akzeptieren, möchte ich Sie auffordern, dem Wort **lebendig** Ihre Aufmerksamkeit zu schenken. Selbstredend bezieht es sich nicht auf etwas, dem Leben oder Vitalität abgeht. Wenn ich außerdem das Wort konkret verwende, dürfte deutlich werden, dass es sich nicht nur um einen abstrakten Begriff handelt. Gleichwohl kann Konkretheit immer noch die Bedeutung nahelegen, dass etwas greifbar ist (wie ein Stein), aber nicht notwendigerweise lebendig. Natürlich deutet mein Hinweis auf Herz und Geist bereits darauf hin, dass das Konkrete, im Unterschied zu einem Stein oder sogar einem Baum, lebendig ist in der Art eines Tiers, z. B. eines Hunds oder eines Pferds. An dieser Stelle möchte ich also einen philosophischen Gedanken einführen, der für meine weitere Untersuchung von entscheidender Bedeutung sein wird, nämlich den der »lebendigen Konkretheit«. In jeder philosophischen Untersuchung sind abstrakte Begriffe unvermeidbar. Wenn ich hier das Wort konkret verwende, möchte ich betonen, dass es trotz der Unvermeidbarkeit abstrakter Begriffsbildung meine Absicht ist, das Konkrete sichtbar zu machen, das Unmittelbare und in der Erfahrung direkt Zugängliche. Selbst wenn ich nicht in der Lage sein werde, den Blick jederzeit auf das Konkrete zu richten, so wird sein Vorhandensein im Folgenden doch stets vorausgesetzt. Ich möchte deutlich machen, dass es eine bestimmte Art von Konkretheit ist, die mich hier interessiert. Diese Spezifizierung schließt praktisch alle Dinge abgesehen von den Lebewesen aus. Im unermesslichen Universum gibt es das Phänomen Leben nur äußerst selten. Bislang haben wir trotz unserer enormen Beobachtungskapazitäten nur feststellen können, dass allein unser Planet Erde über lebenssichernde Rahmenbedingungen verfügt. Und unter den konkreten Lebewesen gibt es eine kleine Menge, auf die ich mich mit dem Ausdruck »lebendige Konkretheit« beziehen werde. Wir könnten »lebendige Konkretheit« auch den Pflanzen und Tieren zuschreiben, doch möchte ich hier von der Hypothese ausgehen, dass nur Menschen sich ihrer lebendigen Konkretheit bewusst sind. Darüber hinaus werde ich das Wort **Person** verwenden, um das Menschsein mit etwas Textur zu versehen und es als vom Sein jedes tierischen Lebewesens unterschieden herauszustellen.[2]

Einer der elementarsten konfuzianischen Grundsätze besagt, dass Menschsein zu lernen bedeutet, eine Person werden zu lernen. Eine Person zu werden erfordert einen dynamischen Prozess der Verwandlung. Ein charakteristisches Merkmal des Menschseins ist, dass wir, obschon das Wachstum unvermeidlich scheint, erst durch das Lernen zu Personen werden. Wir lernen, mit unserem Körper vertraut zu werden: Jeder Akt des Essens, Sitzens, Gehens, Sprechens oder Schlafens erfordert ein stetes Lernen. Streng genommen besitzen wir unseren Körper gar nicht, sondern wir *werden* zu ihm. Der Körper ist nicht einfach fertig gegeben, sondern stellt eine Leistung dar, eine in der Tat erstaunliche Errungenschaft. Er entscheidet mit seinen verschiedenen Aspekten – physisch, physiologisch, emotional, psychologisch, mental, intellektuell und spirituell – ganzheitlich darüber, wer wir als lebendige Konkretheit sind.

Wir können uns eine konkrete, lebendige Person vorstellen, weil wir so viele von ihnen getroffen haben – von den uns nächsten Familienangehörigen bis hin zur flüchtigsten Bekanntschaft. Doch bezieht sich »hier und jetzt« auf eine räumliche und zeitliche Realität, die wir anerkennen müssen, denn sie ist nicht eine vorgestellte Möglichkeit, sondern eine reale Präsenz. Aber was heißt es genau, sich mit einer konkreten, lebendigen Person im Hier und Jetzt zu befassen? Wie wir diese Frage beantworten, zeigt an, in welchem Maße wir uns unserer eigenen Existenz bewusst sind. Gewiss kann ich mir vorstellen, dass die konkrete, lebendige Person hier und jetzt ein Anderer sei; höchstwahrscheinlich werde ich diese Person aber als mich selbst identifizieren. Andere Menschen mögen meiner Gegenwart gelegentlich gewahr werden, aber ich allein bin mir meiner Gegenwart hier und jetzt immer bewusst. Mit der Erklärung, dass die konfuzianische Philosophie von der **konkreten, lebendigen Person im Hier und Jetzt** ausgeht, soll der Stellenwert des Selbstbewusstseins [*self-awareness; ziwo yishi* 自我意識] unterstrichen werden.[3]

Indes, wenn Sie nun meinen, dass es das eigentliche Anliegen des Konfuzius sei, die Frage zu beantworten, was für Menschen wir werden sollten, damit wir von Nutzen sind für die Gesellschaft, dann haben Sie ein anderes Verständnis des konfuzianischen Projekts als ich (obwohl ich gern einräume, dass die soziale Harmonie auch davon abhängt, auf welche Weise und durch was für ein Lernen wir zu Individuen werden; und dass wirkliche Menschen es gelernt haben müssen, gesellschaftlich wünschenswert zu sein und benötigt zu werden). [Einem gängigen Konfuzius-Bild zufolge] sind Menschen relationale, situierte und funktional verschiedene Wesen, die unterschiedliche gesellschaftliche Rollen zu übernehmen lernen; wenn sie ihre Rollen angemessen, effizient und kompetent ausfüllen, tragen sie zum Allgemeinwohl bei und verbessern das Wohlbefinden der Gesellschaft.

Aus dieser Sicht muss der Gedanke der konkreten, lebendigen Person im Hier und Jetzt, mit dem Selbstbewusstsein als zentralem Element, als zu egozentrisch erscheinen. Denn wir scheinen auf diese Weise nur zu leicht in die Falle des Individualismus zu tappen: Es kann passieren, dass eine Person sich isoliert, von anderen entfremdet und sich auf den Bereich eines privaten Egos beschränkt. In diesem Sinne wäre die stark psychologisierende Deutung des konfuzianischen Herz-Geists, wie sie bei Menzius [ca. 370–290 v. Chr.] anzutreffen ist, von einem ausgewogenen konfuzianischen Ansatz des »menschheitlichen Gedeihens« abgewichen; ein unglückliches Ergebnis dieser Deutung wäre es nämlich, dass das Streben nach dem inneren Selbst auf Kosten der gesellschaftlichen Verpflichtung ginge. Gemäß dieser Argumentationslinie stellte Xunzis [ca. 310–235 v. Chr.] Beharren auf disziplinierenden äußeren Beschränkungen durch Ritual und Gesetz ein angemessenes Korrektiv dar.

Ich werde Sie nicht mit den unterschiedlichen Entwicklungen der Selbstkultivierungslehre innerhalb der konfuzianischen Tradition belästigen. Meine Entscheidung, [trotz dieser Einwände] Menzius' Formulierung bezüglich des wesentlichen Unterschieds zwischen menschlicher und animalischer Natur zu folgen,[4] verdankt sich der Überlegung, dass auf diese Weise der Vorrang des Selbstbewusstseins überzeugend begründet werden kann. Ich erkenne voll und ganz an, dass Xunzis Verständnis des Geistes reichhaltige Ressourcen bereithält und dass seine Ermahnung zum Lernen auch von Menzius geteilt wird. Oberflächlich betrachtet steht seine Theorie der menschlichen Natur im Widerspruch zu Menzius' Sicht, dass das moralische Empfinden angeboren sei;[5] tatsächlich konvergieren ihre Positionen in vielen Punkten. Beide, Menzius und Xunzi, hatten Vertrauen in die Vervollkommnungsfähigkeit der menschlichen Natur, die transformative Kraft des Lernens, die Wirksamkeit der Selbstkultivierung, die Tradition der Weisen sowie in eine verantwortungsbewusste Regierungsführung durch rituelle Angemessenheit. Beide glaubten, dass Menschen niemals nur statische Gebilde sind, sondern stets dynamische und kreative Prozesse des Werdens.

Warum aber auf dem Selbstbewusstsein als Ausgangspunkt [des Entwicklungs- und Übungsweges] beharren? Weil es auf dieser Grundlage möglich sein wird, eine kohärente Perspektive zu entwickeln, aus der die Rücksicht auf die anderen Vorrang vor der Rücksicht auf das Selbst besitzt. Weil wir uns der anderen bewusst sind, werden wir unserer selbst bewusst. Ohne die Existenz der anderen anzuerkennen, könnte ich mir nicht bewusst sein, dass ich existiere. Es ist sogar denkbar, dass meine Beziehung zu den anderen meinem Selbstbewusstsein vorausgeht. In der konfuzianischen Tradition gibt es viele Beispiele, die sich zitieren ließen, um eine solche Sichtweise zu plausibilisieren. Der Wert der kindlichen Pietät und die Verpflichtung des Kindes gegenüber den Eltern sind genau deshalb zentral für die Menschlichkeit, weil die Liebe der Eltern zu ihrem Kind natürlich ist. Indem wir lernen, unsere Verpflichtung gegenüber den anderen anzuerkennen, erfahren wir den Wert der Gegenseitigkeit. Im Laufe der Jahre werden wir uns zunehmend bewusst, wie viel Rücksichtnahme auf andere in Gedanken und Handlungen wir hätten kultivieren sollen, um ihnen unsere Dankbarkeit zu bekunden; und manchmal wird diese Einsicht zu spät kommen.

Eine Person stellt ein Zentrum von Beziehungen dar. Es ist nicht möglich, sich das Zentrum als völlig isoliert von seinen Beziehungen vorzustellen. Sie erst verleihen diesem Zentrum, d. h. der konkreten, lebendigen Person, Farbe, Klang, Perspektive und Textur. Die lebendige Konkretheit einer Person, die notwendigerweise einzigartig ist, schließt Ethnizität, Geschlecht, Sprache, Alter, Geburtsort, Gesellschaftsschicht und Glaube ein, ganz zu schweigen von den Persönlichkeitsmerkmalen. Jede dieser Eigenschaften symbolisiert ein umfangreiches Netzwerk, das tausend und abertausend Menschen umfasst. Jeder von ihnen hat eine Bedeutung für mich in einem je nach Gegebenheiten verschiedenen Grad an Intensität.

Das Wort Selbstbewusstsein soll nicht nahelegen, dass wir uns all dieser bezeichnenden Merkmale bewusst sind, während wir uns in unsere Beziehungen einbringen. Vielmehr befähigt uns das Selbstbewusstsein dazu, zentriert zu bleiben, ohne dem Chaos völliger Auflösung und Zersplitterung anheimzufallen. Es gibt uns Orientierungssinn, ja Halt; es ist ein Kompass, der uns hilft, unruhige Gewässer zu befahren. Dies könnte auch der Grund dafür sein, dass Konfuzius uns aufgefordert hat, »um des Selbst willen zu lernen« [*learning for oneself*; *wei ji zhi xue* 為己之學].[6]

Lernen im gewöhnlichen Sinne bedeutet, Wissen zu erwerben und Fertigkeiten auszubilden. Wissen und Fertigkeiten können als Lernen um des Selbst willen verstanden werden; und doch, was Konfuzius im Sinn hatte, unterscheidet sich davon erheblich. Ihm zufolge können Wissen und Fertigkeiten uns verwandeln, indem sie zu integralen Bestandteilen unseres Körpers werden. Der Einfachheit halber möchte ich das »Lernen um des Selbst willen« definieren als »verkörpertes Lernen«.[7] Lassen Sie mich das anhand des Erlernens einer Fertigkeit veranschaulichen. Wenn wir lernen, ein Musikinstrument zu spielen, etwa eine Geige, dann müssen wir sehr viel Zeit investieren, um uns mit Bogen und Fingersatz vertraut zu machen, bis wir tatsächlich in der Lage sind, einigermaßen angenehme Töne zu erzeugen. Wenn wir Talent besitzen und willens sind, uns voll und ganz der Musik zu verschreiben, werden wir diesem Instrument unser Leben widmen. Sollten wir eines Tages tatsächlich zu einem Virtuosen geworden sein, dann würde die Geige quasi eine Erweiterung unseres Körpers darstellen. Wir würden sie nicht länger wie ein Instrument bespielen, sondern mit ihrer Hilfe unser künstlerisches Feingefühl ausdrücken. Kurz gesagt: Wir besäßen ein verkörpertes Wissen von der Geige. Das passiert natürlich in seltenen Fällen, und nur wenige großartige Musiker können an diesen Punkt gelangen. Dennoch können wir uns vorstellen, was es heißt, dass wir nicht ein Instrument wie die Geige erlernen sollen, sondern uns selbst bzw. unseren ganzheitlich verstandenen Körper.

Das »Lernen um des Selbst willen« ist von großer Bedeutung, weil unser ganzes Leben auf dem Spiel steht. Die Frage ist nicht einfach, welchen Beruf ich gerne hätte, wie erfolgreich ich sein möchte, wie ich mein Ziel erreichen, welche soziale Rolle mich am meisten zufriedenstellen oder wie ich reich und berühmt werden könnte. Angesichts des Umstands, dass ich eine konkrete, lebendige Person bin, hier und jetzt, muss die Frage vielmehr lauten, was für ein Mensch ich werden möchte.

Ein so verstandenes Selbstbewusstsein schließt gewiss auch Wissen und Fertigkeiten mit ein, doch ist es primär ein transformativer Akt, der in dem ursprünglichen Gewahrsein unseres Menschseins gründet. Die Einzigartigkeit des Menschseins zeigt sich auf dieser Ebene in ihrer ursprünglichen Form, in aller Klarheit, ja mit einer gewissen Wärme. Genau darauf bezieht sich Menzius mit der Formulierung »großer Körper« [*da ti* 大體].[8] In diesem Zusammenhang ist aber auch die berühmte Parabel von dem Kind erwähnenswert, das in einen Brunnen zu fallen droht und deshalb bei den Zuschauern Mitgefühl hervorruft.[9] Sie könnte so verstanden werden, als ob wir durch einen Schreck zu der Einsicht gebracht werden sollen, dass wir alle Mitgefühl (Sympathie, Empathie, Anteilnahme) besitzen. Tatsächlich lautet ihre Botschaft jedoch: Mitgefühl ist so gewöhnlich, dass wir, wenn wir es einmal nicht mehr spüren sollten, nicht länger menschlich sind.

Lernen um des Selbst willen ist charakterbildend. Es ist problemlos vereinbar mit unserem beruflichen Ehrgeiz, unserem Streben nach Exzellenz, unserem Drang, unsere Situation zu verbessern, unserer Bereitschaft, zur gesellschaftlichen Harmonie beizutragen, und unserem Wunsch, anerkannt zu sein und ein angenehmes Leben zu führen. Es geht bei dieser Art des Lernens nämlich um eine grundlegendere Dimension unserer Existenz: den Sinn des Lebens. Der Begriff des Selbst als eines Zentrums von Beziehungen impliziert Subjektivität. Entscheidend ist, dass wir das Zentrum nicht auf seine Beziehungen reduzieren. Eine konkrete lebendige Person besteht aus einer Vielzahl von Beziehungen. Doch selbst aufaddiert können sie die Person nicht vollständig ausmachen. Und sogar die ursprünglichen Bindungen wie Rasse, Geschlecht, Sprache, Alter usw. können das Zentrum des Selbst nicht setzen. Natürlich sind sie alle wichtig und bedeutungsvoll, und zwar indem sie sowohl einschränkend als auch ermöglichend wirken. Anders gesagt handelt es sich bei diesen Bindungen um ermöglichende Einschränkungen. Der letzte Satz erfordert eine Erklärung.

Ein bezeichnendes Merkmal des konfuzianischen Humanismus ist die Einsicht, dass wir alle dazu bestimmt sind, eine besondere Person zu sein. Alle unsere ursprünglichen Bindungen sind in gewissem Sinne gegeben. Wir mögen in der Lage sein, einige von ihnen willentlich zu verändern, wie etwa Geschlecht und Sprache, aber im Großen und Ganzen sind sie festgelegt. In vielen großen religiösen Traditionen wird diese Tatsache des Lebens bestenfalls als einengend betrachtet. Sie beschränkt unsere Wahl und Handlungsfreiheit. Wir hoffen, sie zu verändern, wenn nicht sogar sie ganz aufzuheben. Zumindest sind wir in diesen Traditionen angehalten, uns von solchen Einschränkungen zu befreien, selbst wenn diese Anweisungen oft nur partiell durchgesetzt werden. So soll im Christentum die Zugehörigkeit zur wahren Gemeinschaft des Glaubens Vorrang vor familiären Bindungen haben. Andere Traditionen sind noch restriktiver. Von buddhistischen Mönchen wird oft verlangt, dass sie alle familiären Beziehungen durchtrennen. Im Konfuzianismus ist das anders. Der Umstand, dass wir alle dazu bestimmt sind, eine besondere Person zu werden, soll im Konfuzianismus akzeptiert und in vollem Umfang anerkannt werden. Die je eigene Biografie wird vielleicht nicht immer als Geschenk wahrgenommen, doch verlangt sie auf jeden Fall nach positiver Anerkennung; vielleicht sollte sie sogar gefeiert werden. Vermeintliche Einschränkungen sind zugleich auch Mittel oder Werkzeuge der Selbstverwirklichung. Deshalb sind sie nicht einfach Einschränkungen, sondern auch Ermöglichungen. Und in der Tat sind es diese ermöglichenden Einschränkungen, die uns zu konkreten, lebendigen Personen machen. In der konfuzianischen Selbstkultivierungslehre geht es darum, Einschränkungen durch eigene Anstrengung umfassend in Ermöglichungen zu verwandeln.

Ich habe einige Texte veröffentlicht, in denen ich die erkenntnistheoretischen, ethischen, ästhetischen und religiösen Implikationen der Selbstkultivierung als eine Form des Wissens untersuche. Darüber hinaus habe ich einen chinesischen Begriff geprägt, um dieses weit verbreitete und doch selten analysierte Konzept der traditionellen chinesischen Kultur zu vermitteln: »verkörpertes Wissen« [*embodied knowing*; *tizhi* 體知].[10] Dieser Begriff ist weder identisch mit »knowing that« noch mit »knowing how«, sondern bezeichnet eine dritte Art von Wissen, das sich notwendigerweise als ein transformativer Akt vollzieht. Im erweiterten Sinne schließt diese Form des Wissens nicht nur das Gehirn und den Geist mit ein, sondern auch den Körper in einer holistischen und integrativen Weise. Körperlicher Einsatz sowie die kognitive Tätigkeit des Geistes und die emotionale Reaktion des Herzens sind dazu erforderlich. Konfuzius führte das Bogenschießen als ein Beispiel an.[11] Verfehlen wir bei diesem das Ziel, müssen wir die Haltung unseres Körpers und unseren geistigen Zustand hier und jetzt dementsprechend ändern. Um die Kunst des Bogenschießens zu erlernen, ist unsere ganze Präsenz erforderlich.

Selbstbewusstsein ist wesentlich für die Art des Lernens, die Konfuzius empfahl. Durch Selbstreflexion, Selbstprüfung, Selbstkritik, Selbstermahnung und Selbstermutigung setzen wir unser Selbst als Zentrum unserer Beziehungen. Dem privaten Ego diametral entgegengesetzt, ist diese Selbstheit immer offen für die Außenwelt, interagiert dynamisch mit den Menschen, befasst sich kreativ mit allen Dingen und verwandelt die Welt um sich herum, indem sie sich selbst verwandelt. Wie Menzius' Formulierung des »großen

Körpers« besagt, »sind alle Dinge bereits vollständig in mir«.[12] Dies ist nicht nur eine vorgestellte Möglichkeit, sondern ein erreichbarer Zustand. Wir können unsere Lebenskraft (*Qi* 氣) erweitern und sie den Raum zwischen Himmel und Erde ausfüllen lassen. Körperliche Übungsformen, etwa Atmungstechniken, mögen dabei auch eine Rolle spielen, jedoch betonte Menzius insbesondere die moralische und geistige Übung. Und das ist nicht einfach nur so dahingesagt, sondern es gibt da tatsächlich eine Realität, die zum Gegenstand unserer Erfahrung werden kann.

All das erinnert an Lu Jiuyuan, einen konfuzianischen Denker des 12. Jahrhunderts [1139–1192], der erklärte, er habe das Wesentliche der konfuzianischen Lehre durch die Lektüre des *Menzius* »verstanden«.[13] Die Botschaft des Menzius ist genau dieser Gedanke der menschlichen Größe. Dieser Gedanke war derart stark in Lu Jiuyuan ausgeprägt, dass er ihn nicht als Hypothesc behandeln konnte, für die es zu argumentieren oder die es zu beweisen galt; stattdessen trat jener einfach, aus seinem Inneren erwachsend, in Erscheinung. Und Lu nahm an, dass der Gedanke für jede konkrete, lebendige Person im Hier und Jetzt selbstverständlich sein sollte. Diese Anekdote bedarf einer Erklärung.

Wenn er danach gefragt wurde, wie man das Menschsein lernen könne, verwies Lu Jiuyuan oft auf Menzius' Weisung, »zuerst das in uns aufzurichten, was groß ist«.[14] Er wiederholte diese Aussage so viele Male, dass seine Kritiker zu zweifeln begannen, ob Meister Lu überhaupt eine wichtige Botschaft zu vermitteln habe. Lu Jiuyuan antwortete schlicht, dass »es keine andere wichtigere Botschaft gibt, als das in uns aufzurichten, was groß ist«.[15] Lu Jiuyuan ist bekannt dafür, dass er sich der Denkrichtung des Menzius verbunden fühlte. Er hat deutlich gemacht, dass sein Verständnis dieses Denkers aus keiner anderen Quelle stammte als aus der Lektüre des Buchs *Menzius* und dass er es doch aus eigenen Stücken erworben habe.[16] *Menzius* zu lesen, bedeutete für ihn nicht, einen alten Text zu lesen und durch eine Interpretation die Bedeutung der Worte des Meisters zu verstehen. Vielmehr handelt es sich um eine lebendige Begegnung mit dem Menschen Menzius – so als ob dieser seine Worte an ihn gerichtet und unmittelbar *zu ihm* gesprochen hätte. Diese letzte Formulierung klingt wie eine religiöse Verfügung, die keiner Diskussion, Debatte oder Überprüfung bedarf.

»Das, was in uns groß ist«, ist in jedem Menschen vorhanden. In jedem von uns ist Größe. Wir müssen nur danach streben, sie aufzurichten. Die einzige Voraussetzung ist unsere Bereitschaft, genau das zu tun. Keine äußeren Kräfte, seien sie politischer, gesellschaftlicher oder kultureller Natur, können uns davon abhalten, das, was in uns groß ist, aufzurichten. Wir können uns auch nicht auf andere verlassen, um die Größe in uns aufzurichten. Dieser Aussage liegt die Überzeugung zugrunde, dass jeder von uns, also nicht nur die menschliche Spezies in ihrer Gesamtheit, groß ist. Die erste Aufgabe für jede konkrete, lebendige Person ist es, das aufzurichten, was bereits in ihr ist. Mit anderen Worten, Menschlichsein zu lernen bedeutet, die Größe in uns zu verwirklichen, indem wir sie selbst aufrichten. Oberflächlich betrachtet scheint es, als ob diese Verfügung keine sachbezogene Aussage oder ein Vorschlag, sondern nur ein Appell wäre. Genau besehen ist die Botschaft, die Lu Jiuyuan – dem Menzius folgend – an spätere Generationen weitergeben wollte, keine Wunschvorstellung, sondern die Wirklichkeit des Menschseins.

Die von Lu Jiuyuan verbreitete Fassung des Konfuzianismus ist weithin bekannt als *xinxue* 心學 (Lehre des Herzens). Ein bezeichnendes Merkmal dieser Lehre ist die Zentralität des Herzens. »Herz« wird auch oft mit »Geist« wiedergegeben. *Xin* (Herz und Geist) ist sowohl kognitiv als auch emotional zu verstehen: Es kann fühlen, wollen, wahrnehmen und wissen. Das Vermögen des Herzens, zu fühlen, zu wollen, wahrzunehmen und zu wissen, stellt die Grundlage für den »großen Körper« bereit. Die erste Aufgabe bei der Selbstverwirklichung (*self-realization*) besteht also darin, sich der Tätigkeiten des Herzens bewusst zu werden, um so den »großen Körper« aufzurichten und der Einzigartigkeit des Menschen die ihr gebührende Bedeutung zu verleihen. Der erste Schritt ist, das Herz zu erwecken, um es empfindsam werden zu lassen für die Welt um uns herum. Diejenigen Gefühle, die durch äußere Reize hervorgerufen werden, sind nur oberflächliche Erscheinungsformen des Empfindungsvermögens unseres Herzens. In der Herzenslehre des Lu Jiuyuan geht es darum, einen Zugang zum »ursprünglichen Herzen/Geist« (*benxin* 本心) zu erlangen, das/der dem »großen Körper« zugrunde liegt. Streng genommen entscheidet das ursprüngliche Herz auch über die Beschaffenheit der menschlichen Wesensnatur.

Die Wesensnatur [*xing* 性] drückt sich umgekehrt durch die Vitalität und Dynamik des ursprünglichen Herzens aus. Sie ist nicht nur eine Idee, sondern eine Tätigkeit. In einem stetig wachsenden Netzwerk von Beziehungen fühlt sie, will sie, nimmt sie wahr und weiß sie. Die Wesensnatur ist relational, und ihr Potential für neue Verbindungen ist unbegrenzt; jedoch gibt es immer einen Kern, ein Zentrum, das nicht auf seine Beziehungen reduziert werden kann, ganz gleich, wie umfangreich diese auch sind. Das ursprüngliche Herz als Inneres der Menschlichkeit ist der Höhepunkt der Evolution. Es hat nichts von einer statischen Struktur an sich, sondern stellt eine immerwährende Aktivität des Werdens dar. In diesem Sinne sollten Menschen nicht als Seiende, sondern als Werdende verstanden werden. Als Werdende entwickeln sich Menschen immer weiter. Diese Tatsache ist sowohl kosmologisch als auch anthropologisch bedeutsam.

Die obigen Gedanken implizieren darüber hinaus die ontologische Vision einer »Kontinuität des Seins«.[17] Gemäß dieser Vision ist der Mensch mit allen Arten des Seins verbunden, ganz gleich, ob es sich um Mineralien, Pflanzen oder Tiere handelt. Wenn wir in die Tiefe gehen und nach Verknüpfungen mit ihnen forschen, stellt sich heraus, dass wir Teil eines Kontinuums sind. Dennoch ist die Einzigartigkeit des Menschseins qualitativ von allen anderen Arten des Seins verschieden. Die den konkreten, lebendigen Menschen auszeichnenden Eigenschaften sind nicht reduzierbar auf jene Eigenschaften, die zu einem konstitutiven Bestandteil der Conditio humana geworden sind. In der traditionellen chinesischen Philosophie wird die

Perspektive der Evolutionstheorie weitgehend geteilt. Ein gutes Beispiel findet sich im *Xunzi*:

> Wasser und Feuer besitzen *Qi*, sind aber unbelebt. Gräser und Bäume sind belebt, haben aber kein Bewusstsein. Vögel und Vierfüßler haben Bewusstsein, aber kein *yi* 義 [Gerechtigkeitsempfinden, Angemessenheit]. Menschen bestehen aus *Qi* und sind belebt und haben Bewusstsein, und darüber hinaus besitzen sie auch *yi*.[18]

Dieser Auffassung zufolge ist die Menschheit eine Kombination aus Verwurzelung und Emergenz. Die Unverwechselbarkeit des Menschen beruht auf einem Paradox. Sie ist wesentlicher Bestandteil desselben Prozesses, der Wasser, Feuer, Gras, Pflanzen und Tiere entstehen lässt; dennoch ist der Mensch als emergente Eigenschaft einzigartig und nicht reduzierbar auf seine konstitutiven Elemente. Das gilt natürlich genauso für das Leben und das Bewusstsein. Wir können eine emergente Eigenschaft nicht angemessen verstehen, indem wir sie auf die genetischen Kräfte reduzieren, die sie ermöglicht haben. Damit soll nicht geleugnet werden, dass sie strukturell immer mit all den Elementen, die zu ihrer Daseinsform beigetragen haben, verflochten ist. Bei der Evolution geht sozusagen nichts verloren. Der kumulative Prozess, der schließlich auch das Werden des Menschen ermöglicht, ist holistisch, dynamisch und fortdauernd. In diesem Sinne ist die »Kontinuität des Seins« keine lineare Entwicklung, sondern ein Transformationsprozess mit sich steigernder Geschwindigkeit hinsichtlich Koordination, Zusammenwirken und Komplexität. Ich würde sogar behaupten, dass sie nicht unvereinbar ist mit gewissen Versionen des Kreationismus.

Die Lebenskraft (*Qi*), die auf allen Ebenen des Evolutionsprozesses angetroffen werden kann, ist sowohl geistig als auch materiell verfasst. Ja, jenseits der Dichotomie von Geist und Materie ist das Geistige unmittelbar in die Lebenswelt eingelassen. Es ist nicht ausschließlich durch seinen Bezug zum Transzendenten bestimmt, geschweige denn zu einer radikalen Form von Transzendenz, doch schließt es eine transzendente Dimension mit ein. Der scharfe Kontrast zwischen weltlich und heilig hat hier schlicht keine Gültigkeit. Deshalb ist Herbert Fingarettes Charakterisierung von Konfuzius als Vertreter einer Lehre »des Säkularen als des Heiligen«[19] zwar anregend, doch ist diese Dichotomie streng genommen sehr problematisch. Tatsächlich sind alle absoluten Dichotomien wie Körper/Geist, mental/physisch und Leib/Seele dem ganzheitlichen konfuzianischen Denken fremd. Nehmen wir zum Beispiel *Yin* und *Yang*. Sie unterscheiden sich, sind konfliktträchtig und manchmal auch mit Spannung aufgeladen; jedoch verhalten sie sich, sowohl im Prinzip als auch in der Praxis, komplementär zueinander. Noch wichtiger ist, dass sie koexistieren und sich gegenseitig durchdringen. Es gibt kein *Yang* ohne *Yin* und kein *Yin* ohne *Yang*. Es ist immer *Yang* im *Yin* des *Yang* enthalten usw. Dies befähigt die Konfuzianer, Einheit im Widerspruch zu sehen und die Welt sowohl als materiell wie auch als geistig verfasst zu erfahren.

Das Leben (*sheng* 生) steht für die Emergenz einer gänzlich neuen Phase der Koordination, des Zusammenwirkens und der Komplexität. Es spiegelt sich – um es einmal in der Terminologie der modernen Biologie zu fassen – in einer adaptiven Organisationsstruktur, der Fähigkeit zum Stoffwechsel, dem Vermögen zur Aufrechterhaltung der Homöostase und zum Wachstum, dem Potenzial der Fortpflanzung sowie der Fähigkeit zur Resonanz mit der Umwelt. Einige werden nun einwenden wollen, dass zwischen toter Materie und Leben eine Diskontinuität, ja sogar ein Bruch bestehe, was auf eine Infragestellung der These von der »Kontinuität des Seins« hinauslaufen würde. Wir können diesen Einwand jedoch zurückweisen oder zumindest seine Wirkung abschwächen mithilfe der Beobachtung, dass aus der Perspektive der Lebenskraft (*Qi*) der Gedanke einer »toten Materie« selbst unangemessen ist. Nehmen Sie das Beispiel von Steinen: Für Konfuzianer oder Chinesen allgemein ist ein Stück Jade nicht unbedingt leblos. Diese metaphorische Ausdrucksweise negiert zwar keineswegs den fundamentalen Unterschied zwischen Leben und Tod, aber sie nimmt für uns eine tiefere Bedeutung an, sobald wir die Auffassung zurückweisen möchten, bei den unbelebten Dingen handele es sich um nichts als »tote Materie«. Ich muss in diesem Zusammenhang an die mehr als zwanzig Jahre zurückliegende, hitzige Debatte anlässlich der Ausarbeitung der Erdcharta zurückdenken, als Vertreter der wissenschaftlichen Community letzten Endes von den Ältesten mehrerer indigener Traditionen überzeugt werden konnten, dass es richtig ist, den Satz »Die Erde lebt!«

in das hehre Dokument aufzunehmen. Anders gesagt: Sogar die sogenannte »tote Materie« ist keineswegs nur Materialität bar jeder Geistigkeit.

Die Frage des *zhi* 志 (Bewusstsein und Gefühl) ist noch interessanter. Es herrscht heute praktisch Übereinstimmung darüber, dass Tiere Gefühle besitzen. Ob sie Bewusstsein haben, ist dagegen umstritten. Einige Tierliebhaber glauben, dass insbesondere Hunde und Pferde ein solches haben. Einige wenige Tierärzte beharren darauf, dass sie sogar über ein »Selbstbewusstsein« verfügen. Xunzi verwendet den Begriff Angemessenheit (*yi* 義), um Menschen von allen anderen Tieren zu unterscheiden. Er unterstreicht die kognitive Funktion des Geistes, insbesondere seine Fähigkeit, Phänomene zu analysieren und zu differenzieren, und betrachtet sie als die eigentliche Grundlage für die Bildung stabiler Gesellschaftsformationen. In diesem Vortrag folge ich Menzius' Ansatz. Er macht deutlich, dass der Unterschied zwischen menschlicher und tierischer Natur geringfügig ist. So ist zum Beispiel, nicht anders als bei den Tieren, das Verlangen nach »Nahrung und Geschlechtsverkehr« (Überleben und Fortpflanzung) unvermeidlich Bestandteil der menschlichen Natur. Die Einzigartigkeit des Menschseins manifestiert sich auf einer ganz anderen Ebene. Menzius zufolge sollen wir nicht vergessen, dass Menschen Tiere sind. Seine argumentative Strategie besteht darin, auf der Grundlage des geringfügigen Unterschiedes zwischen beiden seine Position zu entwickeln. Sie werden schon ahnen, dass dieser geringfügige Unterschied natürlich darin besteht, dass Menschen Tiere sind, die eines speziellen Selbstbewusstseins fähig sind. Obwohl »Nahrung und Geschlechtsverkehr« für uns unverzichtbar sind und die Voraussetzung unserer physischen Existenz (»der kleine Körper«) bilden, ermöglicht uns erst das Selbstbewusstsein, unser volles Potenzial der Menschlichkeit zu verwirklichen (»der große Körper«).

Aus der Perspektive der »Kontinuität des Seins« deutet die Emergenz von Leben und Bewusstsein den zukünftigen Entwicklungs- und Übungsweg der Menschheit an. Man kann sich gut vorstellen, dass der Mensch nicht nur mit der Menschenwelt, sondern auch mit allen Mitgliedern des Tierreichs, der belebten Welt, der Erde und sogar darüber hinaus verbunden ist. Diese Verbundenheit befähigt den Menschen, eine ganzheitliche Vision zu entwickeln.

Im Kosmos gibt es nichts, das vollkommen irrelevant wäre für das Gefühlsvermögen des Herzens/Geistes. Weder ein weit entfernter Stern noch ein Grashalm, geschweige denn die menschlichen Angelegenheiten liegen außerhalb des Bereichs, den dieses Vermögen abdeckt. Im Prinzip, aber auch in der Praxis ist seine Fähigkeit, auf alle Dinge zu reagieren, unbegrenzt. Es ist nicht das Ergebnis einer ungezügelten Fantasie, sondern der unmittelbaren Einsicht, wenn Menzius erklärt, dass »alle Dinge bereits vollständig in mir sind«.[20] Ganz im Geiste des Menzius behaupteten Cheng Hao (1032–1085) und Wang Yangming (1472–1529), dass die Menschen mit Himmel, Erde und allen Dingen eine Einheit bilden.[21] Sie beharrten darauf, dass jede Person in ihrem gewöhnlichen Alltagsleben die Fähigkeit entwickeln könne, »eine Einheit mit Himmel, Erde und allen Dingen zu bilden«.

Wang Yangming versuchte, diese Fähigkeit durch eine Reihe von Beispielen zu veranschaulichen. Ein Kind, das in einen Brunnen zu fallen droht, Tiere, die vor Angst zittern, bevor sie geschlachtet werden, Bäume, die gefällt werden, oder Berge, die abgetragen werden – solche Beispiele lösen in uns eine mehr oder weniger intensive emotionale Reaktion aus, doch dass sie uns alle berühren, steht außer Frage. Wir sind, ob bewusst oder unbewusst, mit Familie, Gemeinschaft, Natur und Kosmos verbunden. Folgerichtig erklärte Wang Yangming, dass die vollständige Verwirklichung der Menschlichkeit eine Überwindung nicht nur des Egoismus, Nepotismus, Provinzialismus, Ethnozentrismus und Nationalismus, sondern auch des Anthropozentrismus erfordere.

Mit diesem Schritt vom Konkreten zum Universellen wird sowohl ein abgeschlossener Partikularismus als auch ein abstrakter Universalismus hinfällig. Es geht mithin darum, eine Mittelposition zwischen persönlicher Verwurzelung und Gemeinsinn auszuhandeln. Die authentische Möglichkeit einer solchen Aushandlung beruht auf der wechselseitigen Verständlichkeit und potenziellen Komplementarität von persönlicher Verwurzelung und Gemeinsinn. Persönlich zu sein bedeutet nicht, privat zu sein. Während ich normalerweise meine privaten Gedanken nicht offenlege, fühle ich mich oft genötigt, von jenen Werten, die ich persönlich schätze, auch anderen zu berichten. Ich bin in meinen ursprünglichen Bindungen – Ethnizität, Geschlecht, Sprache, Ort, Status, Alter und Glaube – verwurzelt, aber es fällt mir nicht schwer, anzuerkennen, dass diese kontext- und zeitgebunden sind, indem sie nämlich eine einmalige Konfiguration darstellen, die konkret meine Einzigartigkeit (*singularity*) ausmacht. Mein Selbstverständnis gibt mir nichtsdestotrotz vor, dass ich wertschätze, als was ich in den weiteren rassebedingten, geschlechtlichen, linguistischen, ökonomischen, politischen, sozialen, kulturellen und religiösen Kontexten erscheine. Auf diese Weise sollte ich aber auch begreifen, dass es andere ähnlich komplexe einzigartige Menschen gibt. Mir ist klar, dass ich die Einzigartigkeit, die ich als mein Selbst identifiziere, niemals vollständig werde verstehen können; aber ich halte es für gewiss, dass es mein Privileg und meine Verantwortung ist, dies zu versuchen. Entsprechend bin ich mir bewusst, dass es zahlreiche einzigartige Menschen gibt, die mein Schicksal teilen.

Genau darin besteht also die Conditio humana, die für alle spirituellen Traditionen bedeutsam ist. Der konfuzianische Weg [*dao* 道] geht – vereinfacht gesagt – davon aus, dass ich nicht bin, was ich sein sollte, und dass ich mir dennoch bewusst bin, dass ich an der Struktur und der Funktion dessen, was ich bin, arbeiten muss, um die höchsten Anforderungen der Selbstverwirklichungslehre zu erfüllen. Gemäß der argumentativen Logik des Textes *Das große Lernen* fungiert das Selbst als Ausgangspunkt: »Für alle, vom Herrscher bis zum gewöhnlichen Menschen, gilt gleichermaßen, dass die Kultivierung des Selbst die Wurzel ist.«[22] Konkret gesagt bedeutet Selbstkultivierung, die private Ichbezogenheit zu übersteigen und sich dem Allgemeinwohl zuzuwenden. Wir können es auch so formulieren: Ich bin privat, meine Familie hingegen ist öffentlich; meine Familie ist privat, die

Gemeinschaft öffentlich; die Gemeinschaft ist privat, die Nation öffentlich; die Nation ist privat, das globale Dorf ist öffentlich; das globale Dorf ist privat, der Kosmos ist öffentlich. Gemeinsinn kann nur durch Selbstkultivierung verwirklicht werden. Dieser Schritt von einem verwurzelten, privaten Ego zu einem auf das Allgemeinwohl ausgerichteten, in Beziehung stehenden Selbst ist allen Menschen möglich. Menschliche Größe liegt in der unbegrenzten Fähigkeit des menschlichen Herzens, den Kosmos zu verkörpern. Diese Verkörperung geschieht aber durch dialogische Kommunikation.

Der dialogische Modus ist ein bestimmendes Merkmal der konfuzianischen Lebensform. Er zeigt sich in den vier miteinander verknüpften Aspekten des konfuzianischen Humanismus: Selbst, Gemeinschaft, Natur und Himmel. Nur über den Dialog können wir eine Integration von Körper und Geist, eine fruchtbare Interaktion zwischen Selbst und Gesellschaft, Harmonie zwischen Mensch und Natur sowie eine wechselseitige Beziehung zwischen dem Herz-Geist des Menschen und dem Weg des Himmels erreichen. Dialogische Begegnung, anstelle von dialektischer Überwindung, ermöglicht die Verfeinerung und Ausweitung des Mitgefühls (Sympathie, Empathie, Anteilnahme), das allen Menschen innewohnt und das es zu erweitern und auszudehnen gilt – vom Selbst zur Familie, zur Gemeinschaft, zu Nation, Welt, Natur und sogar darüber hinaus.

Menschsein lernen geschieht »um des Selbst willen«. Würde, Unabhängigkeit und Autonomie des Selbst sind im Konfuzianismus hochgeschätzte Werte.

Selbsterkenntnis ist erforderlich für politische Verantwortung, gesellschaftliches Engagement und kulturelle Sensibilität. Zengzi [505–435 v. Chr.], ein Schüler des Konfuzius, bemerkte einmal, dass eine gebildete Person weitherzig und entschlossen sein müsse, weil die Last schwer und der Weg weit sei.[23] Eine solche Person betrachtet die Menschlichkeit als ihre subjektive Aufgabe. Wie könnten wir da sagen, dass ihre Last nicht schwer sei?! Ihre Reise endet erst mit dem Tod. Wie könnten wir da sagen, dass der Weg nicht weit sei?! Menzius griff auf die Metapher des Brunnengrabens zurück, um seinen Schülern die Vorstellung vom »Sichanverwandeln« [*getting it oneself*; *zide* 自得; vgl. *Menzius* 4B:42] als der richtigen Form des Lernens zu vermitteln. Nur wenn wir tief genug in unser eigenes Selbstverständnis eintauchen, wird uns der dort fließende, unser Leben stetig bereichernde Strom zugutekommen. Die Fähigkeit, reichhaltige poetische, politische, gesellschaftliche, historische und metaphysische Ressourcen im Inneren anzuhäufen, ist eine Voraussetzung dafür, ein ständig wachsendes Netzwerk an Beziehungen im Äußeren zu formen.

Da das konfuzianische Selbst niemals ein isoliertes Individuum, sondern ein dynamisches Zentrum von Beziehungen ist, wird es von selbst den Dialog mit anderen Zentren, also anderen Menschen, suchen. Anerkennung des anderen und Respekt für den anderen ist eine Vorbedingung für fruchtbare Beziehungen. Jede der fünf grundlegenden Beziehungen ist wechselseitig: Der Vater ist mitfühlend und der Sohn verhält sich kindlich-pietätvoll; der Herrscher ist gütig und der Minister ist loyal; der ältere Bruder verhält sich freundschaftlich und der jüngere Bruder respektvoll; zwischen Freunden herrscht Vertrauen; zwischen Ehemann und Ehefrau werden die Aufgaben geteilt. Der Geist der Wechselseitigkeit durchdringt alle Beziehungen. Die Goldene Regel, die in ihrer negativen Form lautet: »Was du nicht willst, das man dir tu, das füg auch keinem andern zu«[24], basiert auf dem Bewusstsein, dass die Unversehrtheit des anderen Vorrang hat vor dem Wunsch, eine Beziehung gemäß der eigenen Vorstellungen aufzubauen. Diese negative Anordnung muss um eine positive Forderung erweitert werden: »Um mich selbst aufzurichten, muss ich anderen helfen, sich aufzurichten; um selbst Erfolg zu haben, muss ich anderen helfen, Erfolg zu haben«.[25]

Der dialogische Modus lässt sich auch auf Natur und Himmel anwenden. Im Geiste des Dialogs ist die Natur – in Thomas Berrys treffender Formulierung – »eine Gemeinschaft von Subjekten« anstelle »einer Ansammlung von Objekten«.[26] So verstanden ist Natur die Mutter Erde, die es uns ermöglicht, zu überleben, zu wachsen und zu gedeihen; und unsere Beziehung zum Himmel basiert auf der Fähigkeit zu wechselseitiger Resonanz. Nach konfuzianischer Auffassung ist der Himmel allgegenwärtig und allwissend, aber nicht allmächtig. Auch wenn er alle Dinge erschaffen haben mag, bedarf er doch der Beteiligung des Menschen, um das großartige Werk zu vollenden. Von den Menschen wird erwartet, dass sie all das wertschätzen, was der kosmische Fluss hervorbringt, und dass sie ein friedliches, stimmig angelegtes Zuhause für sich und ihre Umwelt schaffen. Der Ausspruch »Der Himmel erzeugt, die Menschen vollenden«[27] verweist darauf, dass die Menschen, als Partner des Himmels, Mitgestalter ihres Universums sind. Damit sind sie aber auch mächtige Zerstörer. Und so heißt es in einer alten chinesischen Redewendung: »Menschen können viele Katastrophen überleben, nur nicht, wenn sie durch menschliches Handeln verursacht sind.«[28]

Dong Zhongshu [ca. 195–115 v. Chr.], ein konfuzianischer Denker der Han-Dynastie, identifizierte drei große Wurzeln: Der Himmel ist die Wurzel der schöpferischen Kraft, die Erde ist die Wurzel der Nahrung, und die Menschlichkeit ist die Wurzel der Vollendung. Die »Westinschrift« von Zhang Zai (1020–1077), ein grundlegender Text des Neokonfuzianismus, beginnt mit einem ähnlichen Gedanken: »Der Himmel wird mein Vater genannt und die Erde meine Mutter. Sogar so eine winzige Existenz wie die meinige findet eine vertraute Nische in ihrer Mitte. Was darum das Universum ausfüllt, verstehe ich als meinen Körper, und was das Universum leitet, verstehe ich als meine Wesensnatur. Alle Menschen sind meine Brüder und Schwestern, und alle Dinge sind meine Gefährten.«[29] Wir lernen, zu unserer Wesensnatur zurückzufinden, indem wir unser Verbundensein mit Himmel, Erde und allen Dingen wiederentdecken. Wir begreifen weiter, dass unser »großer Körper« genau deshalb groß ist, weil er die Befähigung zu dieser Art des Verbundenseins besitzt. Menzius behauptete, dass wir nur unser Herz und unseren Geist vollständig zu verwirklichen bräuchten, um unsere Wesensnatur zu kennen. Indem wir aber unsere Wesensnatur kennen, kennen wir den Himmel.[30] Und er erklärte weiter, dass es die größte Freude im Leben sei, wenn wir über uns selbst nachdenken und feststellen, dass wir aufrichtig (echt und authentisch) sind.[31] Kurzum: Menzius hat dieselbe anthropokosmische Sicht dargelegt, die sich bereits im Text *Maß und Mitte* findet:

> Nur diejenigen, die absolut aufrichtig (echt und authentisch) sind, können ihre eigene Wesensnatur verwirklichen. Wenn sie ihre eigene Wesensnatur verwirklichen können, dann können sie auch die Wesensnatur der anderen verwirklichen. Wenn sie die Wesensnatur der anderen verwirklichen können, dann können sie auch die Wesensnatur der Dinge verwirklichen. Wenn sie die Wesensnatur der Dinge verwirklichen können, dann können sie auch am transformativen und nährenden Prozess von Himmel und Erde mitwirken. Und wenn sie am transformativen und nährenden Prozess von Himmel und Erde mitwirken können, dann können sie auch mit Himmel und Erde eine Dreiheit bilden.[32]

Aus derselben Überlegung heraus erklärte schon Konfuzius: »Die Menschen können den Weg groß machen – der Weg macht die Menschen nicht groß.«[33] Nur darf dieser Ausspruch natürlich nicht als eine anthropozentrische Behauptung menschlicher Hybris verstanden werden; Konfuzius glaubte an das Potenzial der Menschheit, aber auch an Zusage und Verantwortung. Ein hervorstechendes Merkmal des konfuzianischen Humanismus – im Unterschied zum säkularen, anthropozentrischen und rationalen Humanismus der Aufklärung – ist der Glaube an eine Verbundenheit mit Himmel und Erde. Ein Humanismus im Sinne der Konfuzianer hat sich weder der Spiritualität noch der Natur entledigt. Er ist, theoretisch und praktisch, sowohl im spirituellen Bereich wie auch in der natürlichen Welt verwurzelt.

Das uns innewohnende Gefühl, durch mitfühlende Resonanz mit Himmel, Erde und allen Dingen verbunden zu sein, könnte durchaus die tiefste und zugleich die gewöhnlichste Quelle menschlicher Größe sein.

Der Glaube an die Kontinuität und Verwandtschaft alles Seienden, der das Menschliche zu einem integralen Bestandteil unserer Existenz macht, ist sowohl kosmologisch als auch anthropologisch bedeutsam; von ökologisch größter Relevanz ist, dass wir die Erde zu unserem wirklichen Zuhause machen sollten. In einem tieferen Sinne ist die »Kontinuität des Seins« nicht nur ein horizontaler Begriff. Die Emergenz von Leben und Bewusstsein in der Geschichte des Kosmos stellt streng genommen keinen »Bruch« dar, sondern weist auf tiefgreifende Transformationen hin, die ein Gewahrsein von Transzendenz oder zumindest eine Erfahrung von Selbsttranszendenz bewirken sollen. Und diese Einsicht führt weiter zu dem Gedanken, dass der Evolutionsprozess auch einen vertikalen Entwicklungs- und Übungsweg eröffnet. Das Empfindungsvermögen des Herzens besitzt sowohl Tiefe wie auch Weite. Seine allumfassende Ganzheitlichkeit ist eine dem Menschen innewohnende Fähigkeit. Daher ist das ursprüngliche Herz – eher als Bewusstsein und Gefühle, die wir mit den Tieren teilen, und eher als das Leben, das wir mit den Pflanzen und Gräsern gemeinsam haben – charakteristisch für den Menschen. Es ist das ursprüngliche Herz, das den Menschen groß macht und ihn befähigt, einen »großen Körper« zu haben. Was hat es dann aber mit der Vertikalität des Evolutionsprozesses auf sich? Cheng Hao stellte selbstgewiss fest, dass er seine Bildung zwar im Großen und Ganzen seinen Vorgängern verdanke, dass aber die eigentliche Bedeutung der beiden Schriftzeichen »Prinzip des Himmels« (*tianli* 天理) von ihm allein erfasst worden sei, unmittelbar und in größter Vertrautheit. Anders gesagt: Die umfassende, volle Bedeutung des Prinzips des Himmels wurde Cheng Hao zu einem Gegenstand der Erfahrung, indem er sie sich restlos anverwandelte. Seine ureigene Subjektivität ermöglichte ihm die Einsicht, dass sich das Prinzip des Himmels in seinem ursprünglichen Herzen/Geist befindet. Keine maßgebende äußere Macht hat ihm diese Einsicht enthüllt, sondern er hat sie sich tatsächlich aus eigenen Stücken erworben.[34]

Für ihn und für alle anderen Denker der Herzenslehre fällt das Prinzip des Himmels in unsere eigene (himmlische) Natur. Dies stimmt überein mit der Aussage zu Beginn des Klassikers *Maß und Mitte*: »Die menschliche Wesensnatur wird vom Himmel gestiftet.«[35] Da die menschliche Wesensnatur vom Himmel gestiftet wird, liegt der Weg des Himmels in der menschlichen Natur verschlüsselt (das Prinzip des Himmels operiert vermutlich entsprechend). Der Himmel macht Menschen menschlich, aber Menschen sollten auch zur Resonanz mit dem Himmel fähig sein. Da uns der Himmel unsere Wesensnatur verliehen hat, sind wir verpflichtet, sie zu erweitern. Auf diese Weise werden dem Menschen die Fähigkeit und die Verantwortung zugeschrieben, den Weg (des Himmels) in der Welt zu verwirklichen. Die höchste Erscheinungsform der Menschlichkeit ist kosmologisch und anthropologisch bedeutsam, oder, in verkürzter Form: sie ist »anthropokosmisch« – ihre Grundlage ist ein ganzheitlicher, umfassender Humanismus mit einer tiefen Ehrfurcht für den Himmel. Im *Buch der Wandlungen* (*Yijing* 易經) wird der Kosmos als ein dynamischer Prozess beschrieben, der beständig neue Wirklichkeiten generiert, indem er die existierende Ordnung kreativ umgestaltet. Die Botschaft für uns lautet, dass wir die Vitalität des Himmels durch eine stetige Anstrengung mit dem Ziel der Selbststärkung nachahmen sollten. Unsere Verehrung für den Himmel bedeutet nicht, dass wir einer »ganz anderen« Autorität huldigen, die jenseits unserer Vorstellungskraft liegt, sondern dass wir eine tiefe Ehrfurcht vor der Quelle des Lebens und der Schöpferkraft selbst bekunden.

Die Einzigartigkeit des Menschseins besteht in unserer Fähigkeit zu lernen, ein würdiges Gegenüber im kosmischen Prozess zu werden. Diesem Gedanken liegt die Annahme zugrunde, dass wir in der Lage sind, den Himmel auf dem Wege der Selbsterkenntnis zu begreifen. So erklärte Menzius: »Wenn wir unser Herz vollständig erkennen können, kennen wir unsere Wesensnatur. Wenn wir unsere Wesensnatur kennen, kennen wir den Himmel.«[36]

Das höchste Ziel der Selbstverwirklichung ist die »Einheit von Himmel und Mensch«. Dennoch kommen wir nicht darum herum, eine Asymmetrie in der Beziehung zwischen Himmel und Mensch zu diagnostizieren. Während der Himmel an sich bereits

Schöpferkraft ist, müssen Menschen durch eigene Anstrengung lernen, kreativ zu sein. Die Echtheit des Himmels leuchtet ganz natürlich, wohingegen Menschen sich darum bemühen müssen, durch Wissen und Weisheit authentisch zu werden. Aber als Mitgestalter können sie im Auftrag des Himmels den Weg in die Welt tragen. Tatsächlich sind sie durch ihre eigene Wesensnatur dazu verpflichtet, den Weg in ihrer Lebenswelt zu verwirklichen. Indem sie das tun, ist der Weg nicht länger reine Transzendenz ohne eine vertraute Beziehung zur menschlichen Existenz im Hier und Jetzt. Er ist vielmehr verkörpert in der gewöhnlichen Erfahrung unseres Alltags und bewirkt, dass ganz normale Menschen unmittelbar mit dem Himmel verbunden sein können, ohne dass sie sich der weitreichenden Konsequenzen dieser Fähigkeit bewusst sein müssen. Der Himmel besitzt eine transzendente Dimension, die über das menschliche Verständnis hinausgeht, aber zugleich der menschlichen Wesensnatur immanent ist. Menzius artikulierte diese Einsicht wie folgt: »Unser Körper und unser Aussehen sind uns vom Himmel gegeben. Nur ein Weiser kann seinen Körper vollenden.«[37] Mithin ist der Weg zur Weisheit ein Prozess, bei dem wir die Echtheit unseres Körpers zum Ausdruck bringen. Unser Verstand, unsere Seele und unser Lebensgeist sind in die Tiefenstrukturen unseres Körpers eingelassen. Sie stellen verfeinerte Erscheinungsformen des Selbst dar, weil sie vom Kern unserer Wesensnatur ausstrahlen, die unserem Körper innewohnt. Anders gesagt: Der menschliche Körper ist ein Mikrokosmos, ein Abbild des Kosmos. Durch die Kultivierung des Herzens kann der Körper sich für die Welt und den ganzen Kosmos öffnen.

Wang Yangming hat dies in seiner Deutung von Menzius' Idee eines »ursprünglichen Gewahrseins« (*liang zhi* 良知)[38] brillant zum Ausdruck gebracht. Das »ursprüngliche Gewahrsein« ist nichts anderes als das von Lu Jiuyuan beschriebene »ursprüngliche Herz«. Beide Philosophen, Wang und Lu, haben als selbstverständlich vorausgesetzt, dass dieses auch die Grundlage für die Größe des Menschen und eine Ausweitung der menschlichen Wesensnatur darstelle. Für die Anhänger der Herzenslehre steht das »ursprüngliche Gewahrsein« für ein »verkörpertes Wissen«. Es fungiert sowohl kognitiv wie auch emotional und vereint das Fühlen mit intrinsischer Vernünftigkeit; es ist ein Wissen, das einen transformativen Akt bewirkt. Die Aktivität selbst vollzieht sich in dreifacher Form.

Sie unterzieht den Körper einer Reinigung, ja Verfeinerung; sie beeinflusst die Welt; und sie vollstreckt den Erlass des Himmels [enthalten in dem Satz »Die menschliche Wesensnatur wird vom Himmel gestiftet«; siehe S. 40]. Die Freilegung und gewissenhafte Verwirklichung des »ursprünglichen Gewahrseins« ruft in der Tat danach, freudig gefeiert zu werden. Sobald dieses Ziel erreicht ist, dürfen alle Menschen als weise gelten. Zu erklären, dass die gewöhnlichen Menschen auf der Straße weise sind, wie es einige von Wang Yangmings Schülern gern getan haben, ist eine Ermutigung (»wir sollten alle lernen, die Weisen nachzuahmen«) und eine ontologische Wahrheit (»alle Menschen sind nicht nur potenziell, sondern auch faktisch Weise«).[39] Zugleich sieht man unschwer ein, dass kein Mensch, auch Konfuzius nicht, den Anforderungen der Weisheit wirklich genügen kann (Konfuzius hat einmal auf eindrückliche Weise zu verstehen gegeben, dass er noch weit vom Ziel entfernt sei).[40] Menschsein lernen erfordert deshalb eine unablässige Anstrengung in der Selbstkultivierung.

Im Licht der Diskussion über menschliche Größe, das Prinzip des Himmels und das »ursprüngliche Gewahrsein« möchte ich noch einmal die zentrale Rolle der Subjektivität im konfuzianischen Humanismus bekräftigen. Es mag zwar sinnvoll sein, den Konfuzianismus als eine Form der Sozialethik zu definieren, doch darf Subjektivität keinesfalls auf ein Ensemble sozialer Rollen reduziert werden. Man kann argumentieren, dass das Aufeinanderbezogensein der Menschen in der konfuzianischen Subjektivität enthalten ist und dass ohne die gesellschaftliche Dimension die Besonderheit der konfuzianischen Subjektivität verloren ginge. In der Tat wird die konfuzianische Person stets durch die Fähigkeit zur Vernetzung bereichert. Von der These über die »Kontinuität des Seins« nehmen wir darüber hinaus mit, dass die Vorstellung, »eine Einheit mit Himmel, Erde und allen Dingen zu bilden«, keineswegs nur ein imaginiertes Fernziel ist, sondern eine erfahrbare Realität. Nicht durch rationales Kalkül oder aufgrund empirischer Nachweise wissen wir, dass sie real ist; vielmehr halten wir durch ein tiefes Einfühlen, das in unserem ursprünglichen Herzen angelegt ist, unmittelbar für gewiss, dass es sich so verhält. Das so verstandene Fühlen ist nicht von den gewöhnlichen Gefühlen und

Emotionen wie Freude, Wut, Trauer und Glücklichsein zu trennen. Und doch ist es grundsätzlich andersartig beschaffen, weil es einen konstitutiven Bestandteil unserer Menschlichkeit darstellt. Es drückt sich als Empathie, Sympathie, Anteilnahme, oder, in Menzius' Worten, als Mitgefühl[41] aus. Wieder liegt hierin der eigentliche Grund dafür, dass Menschen groß sind, denn das Mitgefühl realisiert den »großen Körper« in uns.

Ein solches Gefühl ist nicht nur anthropologisch, sondern auch kosmologisch bedeutsam, mithin [wie schon gesagt] anthropokosmisch. Noch einmal sei auf Cheng Haos Bezugnahme auf das Prinzip des Himmels (*tianli*) verwiesen. Die ekstatische Natur seiner Erfahrung legt nahe, dass er es vermocht hat, eine transzendente Wirklichkeit in seiner ureigenen Lebenswirklichkeit zu verkörpern. Dies ist ihm gelungen, weil der Kern jener Erfahrung bereits in seinem ursprünglichen Herzen angelegt war. Wir dürfen uns also vorstellen, dass Cheng Hao dank seines verkörperten Wissens über das Prinzips des Himmels die Einsicht artikulieren konnte, dass der menschliche Mensch eine Einheit mit Himmel, Erde und allen Dingen bildet.

Eine so verstandene Menschlichkeit ist primär Gewahrsein, und zwar ein von innen her aufsteigendes Gewahrsein. Manchmal mag sie sich als Reaktion auf einen äußeren Reiz einstellen; jedoch ist sie nie allein das Ergebnis einer von außen einwirkenden Kraft. Denn sie besitzt ihre eigene, unabhängige Handlungsfähigkeit. Anders als gewöhnliche Gefühle besteht sie nicht nur in einem passiven Reagieren, sondern auch in einem aktiven Sondieren. Und natürlich ist Menschlichkeit nicht nur auf der empirischen Ebene wirksam. Ihre Fähigkeit zur Vernetzung ist allumfassend. Menschlichkeit verknüpft, indem sie Kontakte und Verbindungen herstellt; in einem tieferen Sinn verbindet sie durch Teilhabe und Transformation. Menschlichkeit besitzt zweifellos eine kognitive Funktion, wirkt jedoch ebenso auf emotionale Weise. In der Tat schließen ja alle unsere Sinneswahrnehmungen (Sehen, Hören, Riechen, Schmecken, Tasten) sowohl kognitive wie auch emotionale Aspekte ein. Menschlichkeit als Gewahrsein, etwa im Falle der Sympathie, ist ein transformativer Akt. Es handelt sich bei ihr um ein Wissen und zugleich um ein Handeln. Die Spontaneität, mit der sie sich ausdrückt, macht das Handeln zu einem integralen Bestandteil des Wissens. Anders als gewöhnliche Empfindungen entströmt Menschlichkeit dem Herzen ganz natürlich, frei von Nachdenken oder Absichtlichkeit. Sie manifestiert sich zugleich auf empirischer und transzendentaler Ebene. Solange wir sie als gewöhnliche Empfindung erfahren, können wir ihre Tiefe und eigentliche Weite nicht spüren. Wir sollten also anerkennen, dass unser ursprüngliches Herz unsere wahre Natur bestimmt. Selbstverständlich ist es die Beschaffenheit [unseres Charakters, unserer Wesensnatur], mit der wir geboren sind; noch entscheidender, sie ist uns vom Himmel verliehen. In diesem Sinne erklärt das Buch *Maß und Mitte*, dass die menschliche Wesensnatur vom Himmel gestiftet wird. Anders gesagt: Das ursprüngliche Herz (unsere wahre Natur) ist dort, wo sich das Prinzip des Himmels befindet.

Das Prinzip des Himmels ist omnipräsent. Es ist vorhanden in Menschen, Tieren, Pflanzen, Steinen und tatsächlich auch in allen Lebewesen, die Teil des Evolutionsprozesses sind. Es ist der basale Grund für ihre Existenz. Cheng Haos ureigene Erfahrung ist nun in zweierlei Hinsicht bedeutsam: Sie enthält eine Vision der Menschlichkeit und bestätigt zugleich die entscheidende Rolle der Subjektivität. Menschlichkeit, wie Cheng Hao sie erlebt hat, ist nicht nur ein Gedanke, sondern eine Tätigkeit, dynamisch, transformativ und produktiv. Genau auf diese Weise wirkt das Prinzip des Himmels im menschlichen Leben. Seine Dynamik ist endlos, und es ist immer im Werden begriffen. Wie das Phänomen des Wachstums in der natürlichen Welt weist es eine ungeheure transformative Kraft auf. Es produziert und reproduziert mit einer unerschöpflichen inneren Macht.

Als eine Tätigkeit drückt sich Menschlichkeit in Gemütsregungen wie Sympathie, Empathie, Anteilnahme und Mitgefühl, kurz: einem Gefühl der Liebe aus. Von verschiedener Seite ist versucht worden, die Bedeutung des chinesischen Verständnisses der Liebe in diesem Zusammenhang genauer zu bestimmen. Die vorherrschende Meinung besagt, dass es bei der Menschlichkeit darum gehe, »Menschen zu lieben«, bzw. »andere zu lieben«. Die Etymologie des Wortes *ren* 仁 (Menschlichkeit) – das Schriftzeichen enthält das Graphem »zwei« [*er* 二] – verleiht dieser Auffassung eine große Plausibilität. Peter Boodberg (1903–1972), ein bedeutender Sinologe der Universität Berkeley, sprach sich in diesem Sinne nachdrücklich für die Übersetzung von *ren* als »Mitmenschlichkeit«

(*co-humanity*) aus.[42] Dagegen halte ich die Darstellung des Schriftzeichens *ren* auf den in jüngster Zeit entdeckten Bambusstreifen von Guodian für bedeutsamer: der »Körper« befindet sich oben und das »Herz« darunter [also *shen* 身 und *xin* 心, verkürzt zu *ren* 忎]. Auf diese Weise wird bereits in der Schreibweise die Untrennbarkeit von Körper und Herz/Geist angezeigt. Ich möchte hier jedoch keine komplizierte philologische Debatte lostreten; für den Moment reicht der Hinweis aus, dass diese beiden divergierenden Lesarten weitreichende philosophische Konsequenzen haben. Wenn *ren* als »Mitmenschlichkeit« übersetzt wird, ist das Aufeinanderbezogensein der Menschen ein konstitutives Element von Menschlichkeit. Wenn wir dagegen meiner Lesart folgend Menschlichkeit als das Ergebnis des Zusammenwirkens von Körper und Herz/Geist verstehen, sollten wir in der Lage sein, sie als Ausdruck von Individualität, ja von Einzigartigkeit aufzufassen. Gemäß dieser Lesart kann die Vorrangstellung der Liebe durchaus »Selbstliebe« implizieren, die wiederum als Grundlage dafür dient, dass ein Mensch die Fähigkeit erwirbt, »andere zu veranlassen, ihn zu lieben« sowie »andere zu lieben«. Genau dies ist die von Konfuzius bevorzugte Rangfolge (wenigstens dem Buch *Xunzi* zufolge): »Selbstliebe« hat Vorrang vor der »Liebe zu anderen«, und diese wiederum hat Vorrang vor der Fähigkeit, »andere zu veranlassen, mich zu lieben«.[43]

Was ist dann aber falsch daran, die Menschlichkeit primär sozial zu bestimmen? [vgl. die Argumentationslinie auf S. 14–15] Ich schätze gewiss die Bemühungen derer wert, die genau dies unternehmen; wenn man die Menschlichkeit jedoch ausschließlich sozial bestimmt, läuft man Gefahr, ein wesentliches Merkmal des konfuzianischen Lernens des Menschseins zu übersehen.

Führen wir unsere Diskussion über die Liebe etwas weiter! Menschlichkeit im konfuzianischen Sinne drückt sich in abgestufter, nicht in unterschiedsloser Liebe aus. Die allumfassende Liebe [das heißt unterschiedslose Zuneigung zu allen Menschen], wie sie das Buch *Mozi* befürwortet, wird von den Konfuzianern als nicht umsetzbar kritisiert. Bestünden wir darauf, dass man sich um den Vater eines Fremden ebenso intensiv kümmern sollte wie um den eigenen, würden wohl die meisten Väter keine angemessene Fürsorge erhalten.[44] In der Familienethik muss die Praxis der Menschlichkeit bei den Eltern beginnen und dann nach außen ausgeweitet werden. Dies gilt auch für Sympathie, Empathie und Anteilnahme. Die Reihenfolge ist nicht willkürlich gewählt; es handelt sich hier vielmehr um einen Leitfaden für die Praxis. Oft wird auf die Eltern-Kind-Beziehung verwiesen, um die zentrale Stellung der Familie in der konfuzianischen Ethik zu verdeutlichen. Kindliche Liebe ist der erste Schritt auf dem Weg der Kultivierung von Menschlichkeit. Die konfuzianische Lehre von der Richtigstellung der Bezeichnungen (*zhengming* 正名) gebietet über die Familienbeziehungen, dass sich »die Väter wie Väter und die Söhne wie Söhne«[45] verhalten sollen. Konkreter gesagt: Die Lehre der kindlichen Pietät unterweist den Sohn darin, wie er sich seinem Vater gegenüber wie ein Sohn verhält. Dazu ist erforderlich, dass er sich seiner Rolle als Sohn gewahr ist.

Dieses Gewahrsein geht dem Vermögen des Sohnes, seine Rolle angemessen zu erfüllen, voraus. Gehorcht er seinem Vater nur oder fügt sich dessen Anordnungen passiv, ohne sich gewahr zu sein, wie eine angemessene Vater-Sohn-Beziehung gestaltet werden muss, dann hat er seine Verantwortung als Sohn bereits aufgegeben. Deshalb geriet Konfuzius in Wut, als Zengzi ihn fragte: »Wenn ein Sohn den Anordnungen seines Vaters folgt, kann man das als kindliche Pietät bezeichnen?« Konfuzius erklärte, der Sohn des Himmels [das heißt der Herrscher] sei von sieben Zensoren umgeben, ein Lehnsfürst von fünf und ein Großwürdenträger von drei. Ihre einzige Aufgabe bestehe darin, nach Fehlentscheidungen bei den Machthabern Protest einzulegen. Wenn der Sohn nach Fehlentscheidungen des Vaters keinen Protest bei diesem einlege, verletze er seine Pflicht als Sohn. Es verhält sich hier mit anderen Worten so, als würde der Sohn seinem Vater eine Falle stellen, auf dass dieser in ein Verhalten verfiele, das eines Vaters nicht angemessen ist. Dem Vater blind zu gehorchen ist der kindlichen Liebe diametral entgegengesetzt.[46] Warum das so ist, werden Sie jetzt vielleicht fragen. Darauf kann ich nur antworten: Weil die Selbstkultivierung des Sohnes eben ein Bewusstsein für die Pflicht miteinschließt, dafür zu sorgen, dass sich sein Vater wie ein Vater verhält. Die Vater-Sohn-Beziehung ist für beide Seiten förderlich. Damit ist aber auch die zentrale Stellung des Selbstbewusstseins offensichtlich.

Menschlichkeit ist darüber hinaus die Fähigkeit zur Kommunikation. Ich habe bereits [vgl. S. 46] erwähnt, dass die Fähigkeit zur Vernetzung, die die Menschlichkeit auszeichnet, in positivem Engagement und tätiger Verwandlung besteht. Wer menschlich ist, kommuniziert nicht als außenstehender Beobachter, sondern als engagierter Teilnehmer. Subjektivität impliziert immer auch Intersubjektivität. Die Anerkennung des anderen bedeutet weder, dass mein Selbst diesem aufgenötigt wird, noch, dass mein Selbst sich seiner bemächtigt. Der andere wird nicht nur toleriert oder anerkannt, sondern auch geachtet. Die Integrität des anderen darf nicht kompromittiert werden, auch wenn ich davon überzeugt bin, dass das, was ich tue, zu seinem Wohl ist. Die Voraussetzung, den anderen zu überzeugen, meinen Vorstellungen gemäß zu handeln, ist eben, dass ich zuerst seine Wünsche kennen und verstehen lerne. Ich darf ihm nicht voreilig etwas zufügen, nur weil ich mir erhoffe, dass er es mir auch zufügen wird. Erst nachdem ich seine Situation umfassend verstanden habe, kann ich anfangen, konstruktiv mit ihm zu interagieren. Das mag jetzt nach jener Art therapeutischer Sprache klingen, wie sie heute für die Beziehung zwischen Arzt und Patient charakteristisch ist. Doch steht im Ethischen nicht weniger auf dem Spiel als der Wert der Rücksichtnahme. Die negativ formulierte Goldene Regel geht der Anweisung, andere so zu behandeln, wie man von ihnen behandelt werden möchte, voraus. Die Einhaltung der Regel »Was du nicht willst, das man dir tu, das füg auch keinem andern zu«[47] kann einen unnötigen Zusammenstoß verschiedener Glaubensrichtungen vermeiden. In diesem Sinne stellt der interreligiöse Dialog die Konvertierung als einzige Absicht missionarischer Tätigkeit infrage. Das bedeutet nicht, dass man nicht länger verpflichtet wäre, die »frohe Botschaft« mit anderen zu teilen. Es empfiehlt sich jedoch, auf situativ angemessene Vorgehensweisen (pädagogische Mittel [*skillfull means*, gängig für den buddhistischen Begriff *upāya*]) zurückzugreifen, um die eigene Botschaft zu vermitteln. Entscheidend ist die von mir rekonstruierte konfuzianische Überzeugung, dass das Interesse für den anderen bereits in meinem Selbstbewusstsein angelegt ist.

Menschlichkeit als Gewahrsein setzt einen Horizont der Transzendenz voraus. Da wir untrennbar und ganzheitlich mit allen Dingen verbunden sind, lässt sich eine gemeinsame Quelle finden. Nicht allein die objektive Realität der gemeinsamen Quelle, sondern auch das menschliche Bewusstsein und die Fähigkeit zur Teilhabe an ihr versetzen uns in die Lage, uns der Größe des Menschen zu vergewissern. In dieser Hinsicht ist Subjektivität wesentlich. Keine menschliche Beziehung kann die Helligkeit und die Wärme des Selbstbewusstseins erzeugen. Jede Erscheinungsweise der Lebenskraft (*Qi*), die ein Ding konstituiert, verkörpert ein Prinzip (*Li* 理). Alle Prinzipien entströmen dem Prinzip des Himmels. Sie sind dem ursprünglichen Herzen/Geist eingegeben. Wieder befinden wir uns in Übereinstimmung mit Menzius' Aussage, dass »alle Dinge bereits vollständig in mir sind«. Des Weiteren erklärte dieser, dass es die größte Freude im Leben sei, im Nachdenken zu begreifen, dass wir aufrichtig zu uns selbst sind«.[48] Dieser Satz kann dahingehend interpretiert werden, dass das höchste Glück in der Einsicht besteht, ein authentischer Mensch zu sein, der eine Einheit mit Himmel, Erde und allen Dingen bildet. Ich sollte jedoch hinzufügen, dass diese scheinbar durchgängige Form des Monismus eine subtile Pointe bereithält, namentlich die Idee einer gleichzeitigen »Einheit des einen Prinzips und Vielheit seiner Erscheinungsformen«.[49] Um dies an einem Beispiel zu erläutern: Die Menschlichkeit in Form der allumfassenden Liebe sollte als ein Ideal hochgehalten werden, nur wird in der Praxis die abgestufte Zuneigung, die bei den nächsten Familienangehörigen beginnt und dann auf andere ausgeweitet wird, die angemessenere Methode sein, um Menschlichkeit in der Familie, der Gemeinschaft, der Nation und darüber hinaus zu verwirklichen.

In den vergangenen Jahrzehnten wurden verschiedentlich Versuche einer Wiederbelebung des Humanismus unternommen, oftmals in der Absicht, eine Weltordnung herbeizuführen, die es dem Menschen ermöglicht, in einer Gesellschaft ohne Ausgrenzung zusammenzuleben. Die bewusste Anstrengung, einen abstrakten Universalismus zu überwinden, bei dem Harmonie als Homogenität missverstanden wird, aber auch der scheinbar allumfassende Gedanke eines von der ganzen Menschheit geteilten Schicksals sind nur notdürftig kaschierte Strategien des Strebens nach Vorherrschaft; weltgewandte Verfechter des Humanismus im 21. Jahrhundert wittern dahinter zu Recht einen unilateralen Geist. Aus guten Gründen spielt die Anerkennung kultureller Verschiedenheit im zeitgenössischen humanistischen Denken eine wichtige Rolle. Viele Humanisten betrachten Verschiedenheit als unabdingbare Voraussetzung von Harmonie. Harmonie, die ohne Vereinheitlichung auskommt, oder positiver ausgedrückt: eine Harmonie, die Verschiedenheit toleriert, anerkennt und respektiert, ist der richtige Weg; dagegen stellt die Forderung nach Anpassung an ein vorgefasstes und oftmals ideologisiertes Kontrollschema nur eine verzerrte Version von Harmonie dar.

Bei der Globalisierung handelt es sich wohl um eine Intensivierung des Modernisierungsprozesses; in einem tieferen Sinn stellt sie jedoch auch eine signifikante Abkehr von der Modernisierung, wenn nicht gar von der Verwestlichung dar. Der räumliche Begriff des Westens und der zeitliche Begriff der Moderne legen eine Entwicklungsstrategie nahe, die zu Konvergenz, ja zu Homogenisierung führt. Die Globalisierung verstärkt jedoch auch die Bedeutung des Lokalen, Nationalen und Regionalen. Sie befähigt uns dazu, ein ganz neues Spektrum an Farben, Tönen, Gerüchen, Geschmacksrichtungen, Stimmungen und Empfindungen wahrzunehmen, das sich Unterschieden in Ethnizität, Geschlecht, Sprache, Alter, Ort, Schicht und Glaube verdankt. Nie zuvor sind menschliche Gemeinschaften so ausdifferenziert und zugleich – aufgrund der Fortschritte in Wissenschaft und Technik, insbesondere in der Informations- und Kommunikationstechnologie – so eng miteinander verflochten gewesen.

Wie sollen wir uns also Harmonie in Verschiedenheit in einer ausdifferenzierten und zugleich eng miteinander verflochtenen Gemeinschaft vorstellen? Die beste Antwort auf diese Frage, denke ich, stellt der geistige Humanismus dar. Für ihn ist die Menschheit verschieden von und doch zugleich verbunden mit allen Erscheinungsformen des Seins im Universum. Sie ist einzigartig, doch nicht zu trennen von allen anderen Dingen. Gemäß der glaubwürdigsten Beschreibung der Weltentstehung, die der wissenschaftlichen Community bislang bekannt ist, stellt die Evolution des Menschen nichts anderes als eine verkürzte Version des makrokosmischen Narrativs über den Big Bang vor 13,8 Milliarden Jahren dar, das auch die Entstehung der Sonne und der Erde miteinschließt. Die Entstehung des Lebens, der Tiere und des Menschen ist ebenfalls ein integraler Bestandteil dieses Narrativs. Die Feststellung, Himmel und Erde seien unsere Eltern [aus der »Westinschrift«, vgl. S. 37], ist mithin kein weltfremder Ausspruch, sondern eine empirische Aussage.

Jeder durch den Himmlischen Erlass ausgezeichnete Mensch ist seinem Wesen nach frei, gleich und wertvoll. Das zu verstehen macht unsere Größe aus. Unsere Würde wird durch unsere Subjektivität gewährleistet. Unsere Individualität (Einzigartigkeit) wertzuschätzen, ist unsere höchste Aufgabe. Keine äußere Autorität darf oder kann das »ursprüngliche Herz«, das »Prinzip des Himmels« oder das »ursprüngliche Gewahrsein« von uns nehmen: »Einer Armee kann man den Befehlshaber wegnehmen, aber nicht dem gewöhnlichen Menschen seinen Willen.«[50]

Eine gleichermaßen wichtige Voraussetzung des geistigen Humanismus ist die Heiligkeit der Erde. Unser Universum ist aufgeladen mit intrinsischem Wert und numinoser Schönheit. Diese Realität kann nicht mittels empirischer Daten bewiesen werden. Sie kann auch nicht mithilfe der reduktiven Logik der

Naturwissenschaften, etwa der Neurobiologie, erfasst werden. Dazu bedarf es vielmehr eines Bekenntnisses oder vielleicht sogar eines Glaubens, der theistisch sein mag oder auch nicht. Entscheidend ist die Einsicht, dass es Milliarden von Jahren mit einer Feinabstimmung aller Elemente – Luft, Wasser, Erde und zahlreicher anderer Faktoren – bedurfte, damit wir für einen kurzen Moment ins Leben treten können. Gewiss, wir können dieses Narrativ als sinnlos von uns weisen. Aber wir können genauso den verschiedenen Schöpfungserzählungen folgend die These akzeptieren, dass unsere Existenz teleologisch erklärt werden muss. Und natürlich gibt es noch viele weitere Optionen. Die der Philosophie Spinozas zugrundeliegende Ontotheologie, die eine Quelle der Inspiration für Albert Einstein gewesen ist, scheint ein hervorragender Kandidat für eine Erklärung im Sinne meines geistigen Humanismus zu sein. Wie Ronald Dworkin hervorhebt, vertraten auch Paul Tillich und Carl Sagan die These, dass wir an die »objektive Realität« glauben sollten, dass nämlich unser Leben einen Sinn hat und die Natur einen intrinsischen Wert besitzt.[51] Nur Dworkins offene Ablehnung von Materialismus und Naturalismus heiße ich nicht gut und lehne zudem seine antitheistische Position entschieden ab.

Ich stimme mit Ronald E. Osborn überein, dass der von Dworkin vertretenen Ontotheologie trotz »ihrer Anständigkeit und Würde« die »vermenschlichende Gemeinschaft oder die lebenserhaltende Freude«[52] abgeht. Außerdem habe ich starke Vorbehalte gegenüber Dworkins Hoffnung, dass Physiker und Astronomen, wenn sie denn einmal die fundamentale Theorie entdeckt haben, die letzte Frage beantworten werden können. Sie ist nicht nur zu optimistisch, sondern auch allzu vereinfachend. Wenn es stimmt, dass »wir in einem rätselhaften Universum leben, in dem Atome nur vier Prozent des sichtbaren Universums, dunkle Materie 24 Prozent und dunkle Energie – Energie, die dem leeren Raum innewohnt – 72 Prozent ausmachen«[53], dann ist die Annahme durchaus sinnvoll, dass jenseits des menschlichen Verstehens immer ein Mysterium bleibt.

Die Grammatik des Theismus stößt im geistigen Humanismus auf Anklang. Heilige Orte (Kathedralen, Kirchen, Tempel, Moscheen, Synagogen), aber auch Choräle, Lieder, Gebete, Tänze oder Feste entziehen sich den Anmaßungen wissenschaftlicher, philosophischer oder theologischer Überprüfung. Die drei großen theistischen Religionen verfügen über entsprechende spirituelle Ressourcen und die nötige intellektuelle Tiefe, um uns zu inspirieren, Lieder der Hoffnung zu singen und unsere Dankbarkeit für die göttliche Liebe auszudrücken. Sie haben einen wichtigen Beitrag zur menschlichen Religiosität geleistet.

Ganz gleich ob der geistige Humanismus nun theistisch oder pantheistisch verfasst ist, immer wird er ein Bündnis mit dem Atheismus und den verschiedenen Arten des Vitalismus, der für die meisten indigenen Traditionen charakteristisch ist, einzugehen suchen. Jedoch setzt er sich in einigen wesentlichen Punkten von den monotheistischen Religionen ab. Er hält die Heiligkeit der Erde für selbstverständlich und heißt den Gedanken der Kontinuität des Seins gut. Des Weiteren glaubt er nicht an eine radikale Transzendenz als das »Ganz andere« im Sinne Rudolf Ottos, das allein numinos sei.[54] Um Herbert Fingarettes Formulierung noch einmal aufzunehmen, der geistige Humanismus sieht »das Säkulare als das Heilige« an. Mit anderen Worten: Die Lebenswelt ist an sich bedeutungsvoll. Dort kann und soll der höchste Sinn des Lebens verwirklicht werden. Aus der Sicht einer geistigen Humanistin oder eines geistigen Humanisten sind wir auf der Erde und in der Gemeinschaft, besonders in der Familie, verwurzelt. Unser Körper ist die angemessene Wohnstätte für unseren Verstand, unsere Seele und unseren Geist. Durch die Erde, die Gemeinschaft und den Körper lernen wir, ganz menschlich zu sein. Unsere spirituelle Verwandlung ist keine Abkehr von dem Ort, an dem wir uns befinden, sondern eine Reise in das Innere unseres Seins. Paradoxerweise ist der innerste Kern unseres Seins – die Quelle unserer Selbsterkenntnis – nichts anderes als die tief in unserer Existenz verwurzelte makrokosmische Realität. Gewiss, Erde, Gemeinschaft und Körper schränken uns ein. Sie formen uns zu konkreten Gestalten. Wir sind unentrinnbar irdisch, gemeinschaftlich und leiblich. Die spirituellen Traditionen haben uns bislang angewiesen, uns von diesen Einschränkungen zu befreien. In der Tat gibt es ein starkes menschliches Bestreben, sich von den weltlichen Zwängen zu befreien und dem Gefängnis der Seele zu entkommen. Im geistigen Humanismus sind diese jedoch die ermöglichenden Einschränkungen, die Mittel, die uns unserem Schicksal näherbringen. Ihr Verdienst ist es, jedem von uns einen einzigartigen Weg der Selbstverwirklichung aufzuzeigen. Ohne diese Einschränkungen könnten wir nicht konkret existieren. Sie sind also eigentlich unsere Verkörperungen [*incarnations*; *huashen* 化身].

Der so verstandene Mensch ist keine Kreatur, sondern ein aktiv Handelnder in der kosmischen Transformation, und zwar als Beobachter, Teilnehmer, ja Mitgestalter. Selbst wenn es keinen Schöpfergott geben sollte, steht außer Frage, dass die schöpferische Kraft seit dem Big Bang niemals innegehalten hat, sondern in jedem Bereich der Evolution – Sonne, Erde, Leben, Tiere und Menschen – stetig gewachsen ist. Wir sind die Erben dieser kosmischen Energie. Wir haben die Verantwortung, uns darum zu kümmern, dass das, was uns als unsere Wesensnatur gegeben wurde, weiterhin eine schöpferische Kraft für neue Wirklichkeiten und Lebensformen bleibt. Der geistige Humanismus glaubt daran, dass das menschliche Leben eine transzendente Bedeutung besitzt, dass es immer ein Mysterium gibt, das es zu verstehen gilt, und dass sowohl der Theismus als auch viele andere Erscheinungsformen menschlicher Religiosität uns lehren, über den Säkularismus hinauszuwachsen. Wir sind endliche Wesen, aber in unserer Endlichkeit liegt eine ständige Präsenz unendlicher Göttlichkeit. Der geistige Humanismus ist ein Glaube an die Menschlichkeit: Die Aufgabe, zu lernen, ganz Mensch zu werden, bedeutet, »eine Einheit mit Himmel, Erde und allen Dingen zu bilden«, weil Immanenz und Transzendenz unauflösbar miteinander verbunden sind.

Kommentare

Ein Wanderer zwischen den Welten

Helwig Schmidt-Glintzer

Im vergangenen 20. Jahrhundert hat China sich neu zu erfinden gesucht und wiederholt in radikaler Weise alle Traditionen und alles »Alte« über Bord zu werfen getrachtet. Dabei wurde gelegentlich übersehen, dass ohne das Alte etwas Neues überhaupt nicht entstehen würde. So kam letztlich auch China von seinen Traditionen nicht los, die eben nicht nur aus den frühen Zeiten des Altertums sich speisten, sondern auch aus den geistigen Bewegungen und den Wirklichkeiten des späten Kaiserreiches in ihrer Vielfalt und Widersprüchlichkeit zwischen Weltoffenheit und Rückzug, zwischen Fremdherrschaft und Sinisierung. Dies haben viele gewusst, auch wenn die Stimmen mancher zwischenzeitlich kaum Gehör fanden. Dennoch ist die Fortführung und Weiterentwicklung jahrtausendealter und im kaiserzeitlichen China entwickelter Traditionen in der chinesischen Welt niemals gänzlich abgerissen. Sie wurde unter dem Etikett des Konservatismus vermerkt,[1] aber auch als Neubelebung des Neokonfuzianismus beschrieben und in China selbst, nicht zuletzt auch von Chinesen, die in fernen Ländern Fuß gefasst hatten, weiter vorangetrieben.

In dieser Welt der Fortführung von Traditionen und der Selbstvergewisserung chinesisch-konfuzianischer Identität hat der im Jahre 1940 in Kunming, der Hauptstadt der südwestlichen Provinz Yunnan, geborene Tu Weiming 杜維明 früh schon einen prominenten Platz eingenommen und ist dann zu einem der profiliertesten Repräsentanten dieser Strömung geworden. In einer Zeit, in der chinesische Intellektuelle sich dem neuen Weg hin zum Aufbau eines sozialistischen oder gar kommunistischen China verschrieben und darin neu zu akkomodieren suchten, haben andere jenseits der chinesischen Mauern ein anderes China zu konzipieren gesucht. Während die einen in Hongkong, auf Taiwan und vor allem in den USA ihre Chancen nutzten, haben sich doch viele der Intellektuellen Chinas der von Mao Zedong zunächst propagierten Neuen Demokratie angeschlossen, sind dann mehr oder weniger dem Auf und Ab der innerchinesischen Politik gefolgt und haben dabei nicht selten schwer gelitten. Dafür gibt es viele Beispiele, von denen hier nur der Hegel-Spezialist He Lin 賀麟 (1902–1992)[2] und der Philosophie-Historiker Feng Youlan 馮友蘭 (1895–1990) genannt sein sollen. Alle sahen sie sich einerseits in der Tradition der 4.-Mai-Bewegung von 1919,[3] mit der sie sich andererseits aktiv auseinandersetzten. Feng Youlan beispielsweise verstand sich zunächst als »Vermittler zwischen den ikonoklastischen Konfuzius-Kritikern der Bewegung des 4. Mai einerseits und den verknöcherten Traditionalisten andererseits«[4] – und in diesem Sinne verfasste er auch seine Darstellungen der chinesischen Philosophie.[5] Nach Gründung der Volksrepublik bekundete Feng Youlan seine Bewunderung für die Landreform der Kommunisten und bot seine aktive, praktische Hilfe an.[6] In seinem 1976 erschienenen Buch über Konfuzius, so Christoph Harbsmeier, vertritt Feng »die Auffassung, dass Konfuzius schon im Kontext seiner eigenen Zeit ein reaktionärer Apologet der traditionellen hocharistokratischen Herrscherklasse und des Sklavenhaltertums war«.[7]

Das Konfuzius-Bild in China wie im Westen hat sich zwischenzeitlich weiter gewandelt. Doch soll dies hier ebenso wenig weiterverfolgt werden wie die Kampagnen und Säuberungen im China der 1950er Jahre. Es muss aber doch von der Kulturrevolution (1966–1976) die Rede sein, in der nicht zuletzt zahlreiche Intellektuelle verfolgt wurden und schwer gelitten haben. Ebenso wie in den folgenden Jahrzehnten wurde dabei immer wieder die 4.-Mai-Bewegung als Aufbruch in ein geistig neues und die alten Traditionen hinter sich lassendes China adressiert. Da war es kein Zufall, dass die europäischen Sinologen ihre seit 1948 stattfindende Junior Sinologues Conferences im Jahre 1968 als XX International Congress of Chinese Studies in Prag zum »The May Fourth Movement in China« anberaumt hatten. Wegen der Zerschlagung des Prager Frühlings durch Truppen des Warschauer Paktes kam diese Konferenz nicht zustande, und die für Prag vorbereiteten Beiträge wurden dann auf der 21. Konferenz 1969 im italienischen Senigallia (Ancona) in gedruckter Form vorgelegt.[8] Der Verfasser dieser Zeilen, der sich im Herbst 1967 aus Interesse an der Philosophie Chinas und insbesondere an den altchinesischen Logikern in Göttingen für das Fach Sinologie eingeschrieben hatte, wurde 1968 in München Zeuge dieses Umbruchs und reiste 1969 zu der Konferenz nach Senigallia, wo er einen weiteren Austausch mit Gelehrten begründete, die sich mit altchinesischen Logikern beschäftigten, wie Ralf Moritz und Angus C. Graham.[9]

In dieser Zeit hatte sich Tu Weiming längst der Geistesgeschichte Chinas zugewandt und in Taiwan 1961 an der Donghai Universität einen Bachelor in Sinologie erworben. Er wechselte sodann in die USA, wo sich ein breites Spektrum der Beschäftigung mit China und nicht zuletzt mit der intellektuellen Tradition in China entwickelt hatte. Diese Aufmerksamkeit für China bezog sich in besonderer Weise auf die konfuzianischen Traditionen. Während die Frage nach dem Charakter der konfuzianischen Kultur in den 1980er und 1990er Jahren mit den wirtschaftlichen Erfolgen der auch als »vier kleine Drachen« bezeichneten »Tigerstaaten« Singapur, Taiwan, Südkorea und Hongkong und in der Folge auch mit den ökonomischen Erfolgen der Volksrepublik China seit der Öffnung 1978 in Verbindung gebracht wurde, gab es seit Jahrzehnten bereits ein vielfältiges Nachdenken über die Perspektiven für ein konfuzianisches China. Besondere Aufmerksamkeit hatte die Trilogie zu den historischen Vermächtnissen von Joseph R. Levenson, *Confucian China and Its Modern Fate* (1968), erregt. Überhaupt war das Jahr 1968 in vielfacher Hinsicht ein Schlüsseljahr – auch für die Weichenstellungen zur weiteren Beschäftigung mit chinesischen Traditionen. So war es kein Zufall, dass in jenem Jahr nicht nur eine der frühesten Publikationen Tu Weimings in der in Honolulu auf Hawaii erscheinenden Zeitschrift *Philosophy East and West* publiziert wurde, sondern auch seine PhD-Schrift an der Harvard University zum Thema »The Quest for Self-Realization – A Study of Wang Yang-ming's Formative Years (1471–1509)« angenommen wurde und er mit einem Vortrag unter dem Titel »Towards an Integrated Study of Confucianism« auf dem 14. Internationalen Kongress für Philosophie in Wien (2.–9. September 1968) auftrat. Es war vor allem aber das weltoffene Klima in den USA zu jener Zeit, das der Förderung des Neukonfuzianismus weite Räume eröffnete und in dem sich Tu Weiming in einem vielstimmigen Umfeld der Konfuzianismusstudien profilieren und seine Positionen vortragen konnte. Die Traditionen der Selbsterziehung und die Frage nach der Besonderheit Chinas wurden allseits erörtert. Wm. Theodore de Bary von der Columbia University trug die bereits auf einer Konferenz 1966 vorgetragenen Beiträge in dem Sammelband *Self and Society in Ming Thought* (Vorwort 1968, erschienen New York 1970) zusammen. Während es ein breitgestreutes Interesse an der Frage danach gab, wie man Chinese werden bzw. trotz aller Modernisierung bleiben könne,[10] interessierte sich Tu Weiming vor allem dafür, wie man das Menschsein lernen könne und welche Wege hierzu in der konfuzianischen Tradition entwickelt wurden. Diese Frage, zu der er sich immer wieder geäußert hat, erörterte er in vielfältigen akademischen Kontexten, auch um sie immer wieder neu zu überprüfen. Dabei blieb er ein Lernender und gab doch selbst vielfältige Anstöße. Nachholende Modernisierung und Ungleichzeitigkeit im Fortschritt zwangen zu neuen Begrifflichkeiten. So verdanken wir ihm, dass Shmuel N. Eisenstadt in seinen späteren Jahren in der Auseinandersetzung mit Ostasien und der Anerkennung von dessen Eigenrecht, einen Begriff Max Webers aufgreifend, zu dem Konzept der »Multiple Modernities« fand.[11] Anregungen dazu gingen auch von einer Konferenz zu Max Webers Studie über Konfuzianismus und Taoismus in Bad Homburg vor der Höhe im Jahre 1980 aus, an der beide teilnahmen.[12]

Als eigenständiger Denker beteiligte sich Tu Weiming an der Reformulierung der konfuzianischen und neukonfuzianischen Traditionen, seit der Öffnung Chinas auch an der Beijing University, wo er seine zweite akademische Heimat fand. Er verband den Austausch mit den wichtigsten Philosophen Chinas mit der engagierten Teilnahme an den in China, aber auch in den USA geführten Debatten zum Konfuzianismus und wurde so zu einem der wichtigsten Repräsentanten einer chinesischen philosophischen Moderne. Er vertrat dabei die Auffassung, der Konfuzianismus seiner Zeit durchlaufe nach der neokonfuzianischen Renaissance in der Song-, Yuan- und Ming-Zeit (10. bis 17. Jahrhundert) nun eine »dritte Welle« der Erneuerung, und wurde so zum Wortführer einer »schöpferischen Reformulierung« des Konfuzianismus,[13] der sich als solcher den anderen »Weltreligionen« Islam, Judentum und Christentum an die Seite stelle.[14]

Wie können wir nun Tu Weiming als einen »Wanderer zwischen den Welten« begleiten oder uns auf ihn einlassen, der selbst in den Sprachwelten des Chinesischen und Englischen schreibt, während wir hier über ihn und seinen ins Deutsche übersetzten Vortrag in der Sprachwelt des Deutschen sprechen? Vielleicht hilft der Hinweis auf die von ihm sachlich angesprochenen Welten des Selbst, der Gemeinschaft und des Himmels und der Erde, zu denen sich auch jeder von uns immer schon verhält, insbesondere wenn er sich mit Chinas kulturellem Ideal des edlen und des »heiligen Menschen« (*junzi* 君子, *xianren* 賢人 oder *shengren* 聖人) beschäftigt.

Im Zusammenhang der Rede von einem chinesischen Weg zum Sozialismus wird inzwischen die Auseinandersetzung mit Konfuzius wieder großgeschrieben. Doch dabei geht es nicht nur um die Einlösung der mit dem Konfuzianismus verbundenen humanistischen Traditionen, sondern gelegentlich mehr noch um die Durchsetzung einer »Sinisierung« (*zhongguohua* 中國化) in allen Bereichen, durch welche Eigenrechte, darunter geistige, religiöse und allgemein kulturelle, entzogen zu werden drohen. Dass es zu Letzterem nicht kommen würde, war die Hoffnung vieler Teilnehmer bei dem Festakt anlässlich des 2565. Geburtstages von Konfuzius im Jahre 2014 zum Auftakt der Tagung der Internationalen Konfuzius-Gesellschaft in der Großen Halle des Volkes, an der Tu Weiming als einer der von Staatspräsident Xi Jinping persönlich begrüßten Ehrengäste teilnahm. Im Mittelpunkt standen dort Gespräche, von denen viele an den Appell Hannah Arendts bei der Entgegennahme des Hamburger Lessing-Preises der Freien und Hansestadt Hamburg am 28. September 1959 erinnern. Dort formulierte sie den Gedanken, für uns Menschen gelte, dass die gemeinsame Welt »in einem ganz präzisen Sinne unmenschlich bleibt, wenn sie nicht dauernd von Menschen besprochen wird. Denn menschlich ist die Welt nicht schon darum, weil sie von Menschen hergestellt ist, […], sondern erst, wenn sie Gegenstand des Gesprächs geworden ist. […] Erst indem wir darüber sprechen, vermenschlichen wir das, was in der Welt, wie das, was in unserem eigenen Inneren vorgeht, und in diesem Sprechen lernen wir, menschlich zu sein.«[15] Mit dem vorliegenden Buch aber soll gerade ein solches »Gespräch« mit Tu Weiming weiter in Gang gehalten werden.

Sicher trifft das Wort eines der besten deutschen Kenner des Konfuzianismus zu, wenn er schreibt: »Der Begriff ›konfuzianisch‹ ist in sich zu widersprüchlich, als dass er für eine Charakterisierung heutiger chinesischer oder gar ostasiatischer Verhaltensweisen taugen würde.«[16] Insofern sind die Menschen ebenso wenig in Ostasien wie irgendwo sonst bereits auf irgendeine kulturelle Wahrheit festgelegt. Umso mehr kommt es auf das gemeinsame Gespräch an, von dem die Rede war, das Gespräch über die Welt(en) »des Selbst, der Gemeinschaft und des Himmels und der Erde«. Dazu gehört aber auch der an Lessings Mitmenschlichkeit erinnernde Satz Hannah Arendts, dass jede Lehre, auch jede Lehre über »westliche« oder »konfuzianische« Werte, und sei sie noch so »wahr«, immer dann, wenn sie die Freundschaft zwischen zwei Menschen prinzipiell unmöglich macht, zu verwerfen ist. Denn uns wird heute klarer denn je, dass keine Lehre es wert ist, dass ihr »auch nur eine einzige Freundschaft zwischen zwei Menschen« geopfert wird.[17] In diesem Sinne hat Tu Weiming wie kaum ein anderer zwischen dem Okzident und dem Orient mit seinem Denken, Schreiben und Reden Voraussetzungen für ein gemeinsames Sprechen über die Welt geschaffen und ist so als Wanderer zwischen den Welten zum Brückenbauer für eine gemeinsame Welt geworden.

Differenz und Dynamik: Ausblick auf ein konfuzianisches Weltbürgertum

Huang Kuan-min
(Deutsche Übersetzung: Kai Marchal)

Tu Weimings auf dem Weltkongress für Philosophie im Jahr 2018 gehaltener Vortrag ist die Krönung seines lebenslangen Bemühens, den Konfuzianismus in einen Dialog mit den spirituellen Traditionen der Welt zu bringen und die Herausforderungen zu durchdenken, denen sich jede Konfuzianerin und jeder Konfuzianer im 21. Jahrhundert stellen muss. Seine Analyse ist durchzogen von zwei miteinander verflochtenen Thesen: Die erste thematisiert den zentralen Wert (das Wertebewusstsein) der konfuzianischen Tradition, die zweite die Krise unserer globalen Welt. Im Folgenden werde ich diese beiden Thesen kurz zusammenfassen, um sodann einige Merkmale des zeitgenössischen Neukonfuzianismus kritisch zu erörtern.

Einige grundsätzliche Annahmen

Zur ersten These: In seiner Relektüre der konfuzianischen Texte strebt Tu danach, »zum Ursprung [das heißt zum klassischen Konfuzianismus] zurückzukehren und zugleich neue Horizonte zu erschließen«. Im Anschluss an Menzius betont er die moralische Subjektivität des Menschen (*xin xing* 心性) und die Wahrnehmungs- und Empfindungsfähigkeit des menschlichen Geistes; darüber hinaus entwirft er die Vision eines allumfassenden, dichtgeknüpften Lebensnetzes, das auch eine ethische Perspektive eröffnen soll. Die vier Wörter Selbst, Gemeinschaft, Erde und Himmel, die bereits im Titel auftreten, verweisen auf eine sich beständig erweiternde Kreisbewegung, mit der das Selbst sich zur Naturwelt und schließlich auch zum »Himmel« öffnet – gemeint ist nicht der Himmel der Physiker, sondern der Grund und Ursprung aller Werte. Eine ähnliche These vertraten schon Mou Zongsan (1909–1995) mit seiner »Ontokosmologie«[1] und Tang Junyi (1909–1978) mit seiner Idee einer »unerschöpflichen Lebenskraft«.[2]

Zur zweiten These: Tus Darstellung unserer globalen Krise lebt vom Kontrast der konfuzianischen Position mit anderen Sichtweisen und Weltbildern. Vier Punkte sind besonders erwähnenswert:

(1) Das konfuzianische Selbst, behauptet Tu, sei konkret, aber nicht mit dem modernen Individualismus vereinbar; es sei in menschliche Beziehungen eingelassen, könne jedoch nie auf diese reduziert werden. Anders als die großen monotheistischen Religionen betrachte der Konfuzianismus den Körper sowie die

Familienbeziehungen nicht als Fesseln, sondern als Mittel zur Selbstverwirklichung. Zudem zeichne sich das konfuzianische Selbst durch eine besondere Form der Leibwahrnehmung aus, die es ihm ermögliche, in der Lebenswelt eingebettet zu sein und diese doch zu transzendieren: »Der Weg ist nie weit vom Menschen entfernt.«[3] Damit ist nichts anderes gemeint als die im »Lernen für sich selbst« implizierte Idee der immanenten Transzendenz.

(2) Der von Tu skizzierte neue Konfuzianismus ruft nach der »Überwindung nicht nur des Egoismus, Nepotismus, Provinzialismus, Ethnozentrismus und Nationalismus, sondern auch des Anthropozentrismus« (S. 32). Diese Forderung betrifft die Menschheit im Ganzen. Der zentrale Wert in jeder Gruppierung ist das »Gemeinwohl«, doch darf dieses nicht einfach mit Universalität gleichgesetzt werden. In einer doppelten Absetzbewegung negiert Tu sowohl den »abgeschlossene[n] Partikularismus« wie auch den »abstrakte[n] Universalismus« (S. 32). Darüber hinaus ist er sich der Gefahr bewusst, dass Harmonie nur allzu leicht als Identität missverstanden wird; genauso wenig möchte er, dass der Konfuzianismus der für unser Zeitalter typischen Logik des Dominanzstrebens und des hegemonialen Wettbewerbs (die USA gegen China) zum Opfer fällt (S. 53 f.).

(3) Tu Weimings Forderung nach einer Überwindung des Anthropozentrismus führt zu den ökologischen Themen »Land«, »Erde und Natur«. Mit der These von der Werthaftigkeit der Naturwelt weist er Materialismus und Naturalismus in ihre Schranken und betont zugleich die Befähigung des Menschen

zur Teilhabe am Transformationsprozess (»Die Einzigartigkeit des Menschseins besteht in unserer Fähigkeit zu lernen, ein würdiges Gegenüber im kosmischen Prozess zu werden«; S. 41).

(4) Mit der These vom »Himmel« als Wertquelle lehnt Tu auch extreme Versionen des Atheismus ab. Sein Verständnis von »geistigem Humanismus« soll es uns erlauben, mit den unterschiedlichsten Glaubensformen in einen Dialog zu treten. Idealerweise schließt jener den »Atheismus und [die] verschiedenen Arten des Vitalismus« mit ein, »der für die meisten indigenen Traditionen charakteristisch ist« (S. 57). Damit erkennt Tu die Existenz eines Heiligen an – und nennt seine Position sogar »nicht unvereinbar [...] mit gewissen Versionen des Kreationismus« (S. 28). Kurzum: Tu Weiming ist überzeugt von der Notwendigkeit einer Überwindung des neuzeitlichen Säkularisierungsparadigmas.

Analyse

Es dürfte bereits klar geworden sein, dass Tu Weimings Rhetorik höchst vielschichtig ist. Mit der Absicht, sich in eine bestimmte Traditionslinie des Konfuzianismus (diejenige der »Herzenslehre«) einzuschreiben und sie in der Gegenwart weiterzuführen, setzt er einen Prozess diskursiver Aushandlung in Gang, der die konfuzianische Kultur im Horizont einer globalen Moderne neu bestimmen und in ihr Raum für das kulturelle Andere schaffen soll. Seine rhetorische Strategie besteht darin, den Konfuzianismus als den größten gemeinsamen Nenner der kulturellen Unterschiede und politischen Konflikte weltweit zu profilieren, um ihn sodann in einen »dialogische[n] Modus« (S. 34) mit den bestehenden geistigen Traditionen (Religionsgemeinschaften, Zivilisationen) zu überführen. Ein solcher Ansatz, der sowohl maximale Flexibilität anstrebt als auch die Überfrachtung durch historische Partikularitäten vermeidet, ergibt sich Tu zufolge aus der konfuzianischen Vorstellung einer »Harmonie in der Vielfalt«.

Unbestreitbar ist, dass Tu Weimings »geistiger Humanismus« bei aller Aufmerksamkeit für die Differenz oft eklektisch operiert. Konsens wird angestrebt, aber auch Widerstand inszeniert. Konfrontiert mit verschiedenartigen anderen sucht er die Verbindung zu diesen, will aber auch nicht von dem hegemonialen anderen absorbiert werden. So pflegt Tu geradezu seine rhetorische Ambiguität. Der Konfuzianismus kann einerseits als Kraft der Verneinung erscheinen, denn wenn Individualismus, Egoismus, Rassismus, Nationalismus, »abgeschlossener Partikularismus« und »abstrakter Universalismus« abzulehnen sind, wie es Tu fordert, dann scheint jener gar nicht mehr über einen positiven Inhalt zu verfügen. Andererseits kann die Ambiguität aber auch als affirmatives Moment auftreten, das jede andere Position in sich aufnehmen will. Nur, was hieße es überhaupt, einen Standpunkt einzunehmen, der das säkulare Weltbild transzendiert, nicht in den Monotheismus mündet, mit dem Kreationismus vereinbar ist und nicht zuletzt Atheismus, Pantheismus, Vitalismus, Animismus und Theismus integrieren kann (vgl. S. 57 f.)?

Der von Tu entworfene »geistige Humanismus« stellt wohl primär ein Medium für die Intensivierung von »Koordination, Zusammenwirken und Komplexität« (S. 28) bereit, dessen sich Akteure in den moralischen und politischen Konflikten der Gegenwart bedienen können. Konfuzianismus soll nicht ein Diskurs unter anderen sein, sondern der Vermittler *aller* Diskurse. Interessanterweise ist Tu Weimings Denken selbstreferenziell: Die ontologische Beschreibung der Wirklichkeit im konfuzianischen Diskurs ist auch eine Beschreibung dieses Diskurses selbst. So trifft die These von einer harmonischen Komplementarität des Universums (S. 28) selbstverständlich auch auf den Konfuzianismus zu. Denn der »dialogische Modus« muss zahlreiche gegenläufige, ja einander entgegengesetzte Positionen in der Schwebe halten können; er muss sowohl den offenen Bruch zwischen den beiden vermeiden (denn dann würde jede nur noch für sich sprechen) als auch die Komplementarität im Widerspruch betonen, um auf diese Weise an den Punkt zu gelangen, durch den diskursiven Austausch die »Einheit im Widerspruch« zu verwirklichen (S. 28). Der Vorschlag, »die Welt sowohl als materiell wie auch als geistig verfasst zu erfahren« (S. 28), mag nicht leicht zu verstehen sein; es erleichtert das Verständnis jedoch erheblich, wenn wir ihn als Ausdruck einer Konfliktsituation verstehen, die Tus diskursive Strategie abzuschwächen oder zumindest einzuklammern versucht. Der Wertediskurs eines zeitgenössischen Konfuzianers muss sich sowohl dem Naturalismus als auch dem Spiritualismus stellen, um in einen Dialog mit Anhängern beider Positionen zu treten.

Das allzu große Selbstbewusstsein vieler moderner Konfuzianer, darauf insistiert Tu, muss selbst in einen Prozess der Selbsttransformation eintreten, womit die Hoffnung verknüpft ist, den Konfuzianismus als »allen Menschen« offen zu erweisen (S. 34). Und weiter heißt es: »Menschliche Größe liegt in der unbegrenzten Fähigkeit des menschlichen Herzens, den Kosmos zu verkörpern« (S. 34). Diese Aussage kann auch in dem Sinne interpretiert werden, dass erst die Offenheit des Konfuzianismus die Größe der Menschheit sichtbar werden lässt. Genau an dieser Stelle soll der Übergang von einem offenen konfuzianischen Diskurs zu einem einzigartigen Wertbewusstsein im konfuzianischen Sinne möglich werden. Und damit hätten wir auch ein Ziel von Tu Weimings rhetorischer Strategie identifiziert: Solange überhaupt noch Menschen über die Frage nachdenken, in welchem Maße sich das Universum im menschlichen Geist spiegelt, wird der Konfuzianismus unverzichtbar scheinen.

Anders als die vorangegangene Generation neukonfuzianischer Gelehrter im 20. Jahrhundert (Tang Junyi und Mou Zongsan), die das konfuzianische Denken unter Bezug auf Kant und den deutschen Idealismus neu artikuliert haben, greift Tu Weiming auf Diskurse und Formen von Problembewusstsein aus der angloamerikanischen Welt zurück; auch seine Dialogpartner sind vorrangig dort angesiedelt. Dem Modell einer »chinesischen« Philosophie, wie sie Tang Junyi und Mou Zongsan im Sinn hatten, ist ein starkes Moment kultureller Identität zu eigen. An die Stelle dieses Modells tritt bei Tu der Versuch, die Vielfalt und Komplexität menschlicher Erfahrung einzufangen. Statt andere philosophische Standpunkte im Horizont der eigenen Lehre hierarchisch zu ordnen und dogmatisch zu klassifizieren (wie es die traditionelle Denkfigur des *panjiao* 判教 will), engagiert sich Tu in einem »dialogischen Modus«, der dem Konfuzianismus im multikulturellen Diskursraum Nordamerikas über viele Jahrzehnte hinweg Gehör verschafft hat. Sein Denken ist nicht auf einen Standpunkt reduzierbar, und gerade deshalb dürfte es ihm gelungen sein, der Differenz eine Stimme zu geben.

In einer Situation mit einer Vielzahl von um Aufmerksamkeit heischenden Stimmen begrenzen die anderen Gesprächsteilnehmerinnen und -teilnehmer, aber auch die im Dialog verwendeten Wörter und der Zweck des Dialogs den lebendigen und konkreten Sprechakt. Tu Weimings Diskurs imaginiert unterschiedliche spirituelle (philosophische, religiöse, kulturelle, politische, wissenschaftliche) Traditionen, um das Ineinanderverschlungensein von Mensch und Natur (ausgedrückt in der Beziehung zwischen Himmel und Mensch) zu erfassen. Nur auf diese Weise, so behauptet er, kann der Standpunkt des Konfuzianismus in der philosophischen Situation der Gegenwart umrissen werden; und damit soll es zugleich möglich werden, diesem Diskurs in in den Debatten der Gegenwart eine unverkennbar eigene Stimme zu verleihen. Natürlich erhofft Tu sich Widerhall, ja Widerspruch – oder zumindest die eine oder andere Form des beredten Schweigens. Auch greift er immer wieder auf die rhetorische Figur der Prolepsis (das heißt die Vorwegnahme eines möglichen Einwandes) zurück und versucht, durch Wendungen wie »Dies könnte auch der

Grund dafür sein, dass …« (S. 18), »zurückweisen oder zumindest […] abschwächen« (S. 29), »nicht unbedingt« (S. 29), »nicht nur […] sondern auch« (S. 11, 21, 23, 26, 69 f.) mögliche Zweifel und Missverständnisse zu adressieren. Dennoch, so wenigstens meine Vermutung, bleibt der eigentliche Adressat von Tus Vortrag im Dunkeln. Die Frage, gegen welche Position er sich wendet, dürfte aber weniger wichtig sein als die nach der rhetorischen Funktion, die ein mögliches Gegenüber im konfuzianischen Dialog einnimmt. Außer Zweifel steht darüber hinaus, dass es dem konfuzianischen Diskurs im »dialogischen Modus« gelungen ist, sich in Form einer kulturellen Identität einen Platz in einer vielfältigen und komplexen Welt zu sichern, ja ein Element im Kontinuum der menschlichen Sprache zu werden, jederzeit bereit, sich zu verwandeln und sich an den jeweiligen Kontext des Dialoges anzupassen, dabei eine Ganzheit antizipierend, in die nicht nur das eigene Selbst aufgenommen werden kann, sondern auch der ungewisse andere.

Einige Erwiderungen

Die Idee der Selbstreferenzialität des Tu'schen Diskurses wirft auch Licht auf dessen erstaunliche Konsistenz und Flexibilität; dahinter steht ein Denken, das ich mit den beiden Wörtern »Differenz« und »Dynamik« charakterisieren möchte. Meine Hoffnung ist es, im Folgenden durch eine vertiefte Diskussion die verborgene Kraft der dahinterstehenden diskursiven Strategie freizusetzen.

Die Irreduzibilität der Differenz macht sich primär daran fest, dass der Konfuzianismus, für den sich die dynamische Ganzheit (der Beziehung zwischen Mensch und Himmel) im individuellen Bewusstsein der Akteure manifestiert, tendenziell eine Position des Widerstands einnehmen wird. Denn sobald jene Ganzheit durch eine einzige Interpretation dominiert wird und damit der Raum für den Dialog geschlossen ist, verwandelt sich das dynamische Ganze in ein geschlossenes und exklusives Ganzes. Sobald dies geschieht, wird der Konfuzianismus versuchen, der herrschenden Macht zu widerstehen und die Logik der Exklusion aufzubrechen. Gemäß der Beziehung zwischen Mensch und Himmel gilt, dass auch in einem dynamisch integrierten Ganzen eine ausgeschlossene Stimme nicht mehr zu hören ist; und ohne gegenseitiges Zuhören gibt es keine Möglichkeit eines Dialogs. Die ausgeschlossenen, unterdrückten Stimmen könnten in diesem Fall zu den Gestaltungsmächten der Freiheit werden; und der Grundsatz der Gleichheit erfordert es, für die Ausgeschlossenen und Unterdrückten zu sprechen. Kurzum: Von der konfuzianischen Widerständigkeit ist es nur ein winziger Schritt zu den Werten der Freiheit und Gleichheit.

Gerade in der Welt des Anthropozäns gibt es enorme Unterschiede zwischen der Menschheit und allen anderen Arten. Längst hat die Menschheit ihren Planeten und die Lebensformen vieler Arten im kosmischen Maßstab verändert. Ich denke, dass es uns nur gelingen wird, die Kontinuität und die Frage ihrer Artikulierbarkeit neu zu denken, wenn das Denken der »Transformation« Henri Bergsons Gedanken über die »intensiven Qualitätsunterschiede«, die »konkrete Dauer« und den »Rhythmus« aufnimmt.[4] Rhythmus manifestiert sich im Wechsel von Anspannung und Entspannung, in Pausen und Einschnitten (*caesurae*). Die Abwechslung ist auch ein Bestandteil des »dialogischen Modus«, da für ihn Zuhören und Abwarten unerlässlich sind. Nicht nur »ich« oder »wir« kommen als Sprecher infrage, sondern auch »du«, »ihr«, »er/sie« und »sie« (pluralisch). Ich kann nicht ununterbrochen sprechen, sondern muss innehalten und abwarten, bis andere sprechen, um ihnen nachzulauschen und die Bedeutungsnuancen ihrer Worte herauszuhören.

Das Ineinanderverschlungensein von Mensch und Natur kann nun ebenfalls interpretiert werden als ein gegenseitiges Zuhören und Verstehen. Sobald unterschiedliche Sprachen in ein Gespräch eintreten, lässt dies »intensive Qualitätsunterschiede« zu Tage treten (viele Zeitdauern verschmelzen zu einer Dauer). Auf ähnliche Weise lässt die Vorstellung einer fundamentalen Harmonie zwischen Mensch und Natur die Phänomene von Rhythmus und Regelmäßigkeit hervorgehen; und die lebendige Wirkung der spezifischen Gestimmtheit des Qi (*Qi yun* 氣韻) zeichnet einen Menschen in seiner Ganzheit aus.[5] Rhythmus und Regelmäßigkeit bestimmen aber auch die Transformation der menschlichen Spezies, vom Rhythmus der individuellen bis zum Rhythmus der kollektiven Verwandlung (immer differenziert sich das Leben weiter aus). Darum misst der Konfuzianismus der Kultivierung des Menschen größte Bedeutung bei: Jede Veränderung im Temperament eines Menschen stellt eine Veränderung in der Natur seines Charakters dar; und über die verschiedenen Lebensalter hinweg eine tiefgreifende Transformation des eigenen Charakters zu bewirken, heißt nichts anderes, als am Rhythmus des Lebens selbst zu arbeiten. Jede menschliche Beziehung wird auf diese Weise zur Manifestation eines eigenen Rhythmus. Die individuelle Zeit geht zunächst in der sozialen Zeit, der menschlichen Geschichte auf, schließlich auch in der kosmischen Zeit (der Zeit der Jahreszeiten, der geologischen Geschichte).

Darüber hinaus denke ich, dass Tus Verständnis der konfuzianischen Ideen vom »Menschsein lernen« und »um des Selbst willen Lernen« (S. 8, 20) das Problem der Selbstentfremdung nur unzureichend berücksichtigt. Die Möglichkeit, dass jedes Ich zu einem Anderen werden könnte, liegt dem Prinzip der Gastfreundschaft zugrunde.[6] Das den Außenstehenden, den Fremden zugesprochene Besuchsrecht impliziert nichts weniger als das Recht, miteinander zu koexistieren und die Erdoberfläche gemeinsam zu bewohnen. Sein normativer Kern ist, dass »niemand an einem Ort der Erde zu sein mehr Recht hat als der andere«.[7] Wenn ich ein solches Recht besitze, bin ich für die anderen ein Fremder. Aus meiner Sicht ist es geboten, das Prinzip der Gastfreundschaft dem von Konfuzius hochgehaltenen Prinzip, dass der Edle »die Mitmenschlichkeit zum Nachbarn nehmen« soll (*Lehrgespräche* 4.1), zur Seite zu stellen. Für einen solchermaßen erneuerten Konfuzianismus ist Nachbarschaft nicht mehr nur eine Erweiterung der Familie, und Besuche bei Fremden sind qualitativ anders als bestehende Nachbarschaftsbeziehungen (im digitalen Zeitalter ist dies natürlich längst offensichtlich geworden). Nicht zuletzt erinnert die transformierte Umwelt des Anthropozäns die Menschen daran, dass ihre Existenzweise auf dieser Erdkugel die Gastfreundschaft der anderen Arten missachtet, ja dass die von Menschen besetzten Siedlungsbereiche nicht für immer in ihrem Besitz sein werden. Wir können aus all diesen Gründen nicht umhin, die klassische, chinesische Lehre von der Einheit von Himmel und Mensch kosmopolitisch zu erweitern und die Existenzweisen in den Haushalten, Nachbarschaften und großen Städten, aber auch auf Reisen, bei illegaler Migration und Vertreibung zu berücksichtigen. Wer es vermag, der eigenen Verletzbarkeit nachzuspüren, dem wird es vielleicht auch gelingen, neue philosophische Probleme zu entdecken und auf diese Weise dem konfuzianischen Denken zu neuerlicher Aktualität zu verhelfen. Tu Weimings Denken von Differenz und Dynamik erschöpft sich keineswegs in einer Position des kulturellen Partikularismus; um sein universales Potenzial auszuschöpfen, ist jedoch die Fortentwicklung zu einem zeitgenössischen Weltbürgertum unverzichtbar.

Zwischen Nähe und Differenz: Eine parallele Lektüre von Tu Weimings »geistigem Humanismus« und Kants Tugendlehre

Herta Nagl-Docekal

Kritik am »abstrakten Universalismus«

Es ist *ein* zentrales Anliegen, von dem die Schriften Tu Weimings getragen sind: den sozialen Pathologien der gegenwärtigen Lebensbedingungen entgegenzutreten. In seinem Buch *The Global Significance of Concrete Humanity* moniert Tu Weiming etwa, dass »die zerstörerische Kraft des Marktes, mit seiner exzessiven Konsumorientierung, die öffentlichen Sitten ernsthaft unterminiert hat«.[1] Dem diagnostizierten Verlust setzt er die programmatische These entgegen: »Chinas Modernisierung darf sich nicht von einem unbeirrbaren Vertrauen auf Materialismus, instrumentelle Vernunft, Fortschrittsgläubigkeit und Sozialtechnologie leiten lassen. Politische Zielsetzungen, die auf einer technokratischen Mentalität, ohne Bezug auf Kultur und Ethik, beruhen, sind unhaltbar. […] Jetzt ist für chinesische Intellektuelle die Zeit gekommen, um die westlich ausgerichtete, modernistische Mentalität zu transzendieren.« (Tu 2010, xvi) Diese Überlegungen richten das Augenmerk auf zwei Spannungsfelder zugleich, auf den Konflikt zwischen Moderne und traditionellen Sitten sowie auf die ungeminderten Hegemonieansprüche des Westens.

In seinem im Jahr 2018 gehaltenen Vortrag verortet Tu Weiming den Ursprung der verhängnisvollen »modernistischen Mentalität« in dem »abstrakte[n] Universalismus« (S. 32), der den »rationalen Humanismus der Aufklärung« (S. 38) geprägt hat. Der primäre Einwand gegen den »abstrakten Universalismus« lautet, dass unter dessen Prämisse Harmonie als »Vereinheitlichung« (S. 53) missverstanden wird, was sich letztlich als »notdürftig kaschierte Strategien des Strebens nach Vorherrschaft« (S. 53) erweist; dementsprechend macht Tu Weiming geltend, dass »im heutigen humanistischen Denken« der Hauptakzent auf »die Anerkennung kultureller Verschiedenheit« zu legen ist (S. 53). Für eine wirksame Umsetzung dieses Anliegens ist seines Erachtens ein dialogischer Prozess erforderlich, in dem der Humanismus der Aufklärung mit dem »geistigen Humanismus«, der in der konfuzianischen Tradition verankert ist, kontrastiert wird. Tu Weiming betrachtet es als »eine dringende Aufgabe«, gemeinsam »in einem ›joint venture‹ das Erbe der Aufklärung neu zu durchdenken« (Tu 2010, 113).

Die folgenden Überlegungen greifen die Anregung zu einem »geistigen joint venture« auf. Die Voraussetzungen sind insofern günstig, als auch im Kontext der kritischen Sozialtheorie des »Westens« die verheerenden Konsequenzen des szientistischen

Realitätsbegriffs und der Dominanz der technischen Rationalität aufgezeigt wurden. So formulierten Max Horkheimer und Theodor W. Adorno in ihrer *Dialektik der Aufklärung* Bedenken, die Tu Weimings Diagnose von der »Schattenseite des modernen Westens […], dem ›entfesselten Prometheus‹, […] dem faustischen Trieb, zu erkunden […], zu erobern und zu unterwerfen« entsprechen (Tu 2010, 113).[2] Im neueren sozialtheoretischen Diskurs moniert Jürgen Habermas ein Phänomen, das er als »entgleisende Modernisierung« bezeichnet; demnach kommt es, bedingt dadurch, dass die Logik des Marktes alle Lebensbereiche erfasst hat, heute dazu, dass die Menschen wie »vereinzelte, selbstinteressiert handelnde Monaden« auftreten, wodurch »das soziale Band reißt«.[3] Dieser Befund einer schwindenden Solidarität legt einen Vergleich nahe mit Tu Weimings Beobachtung, dass sich heute eine »Zersetzung von Gemeinschaften auf allen Ebenen« vollzieht (Tu 2010, 113).

Die Akzentsetzung des Folgenden ist jedoch eine andere: Es soll zur Geltung gebracht werden, dass das Denken des Zeitalters der Aufklärung nicht nur den Szientismus – und damit den von Tu Weiming problematisierten »rationalen Humanismus« – hervorgebracht hat, sondern zugleich eine scharfsichtige Kritik desselben, wie bereits das Werk von Leibniz belegt.[4] Dass der Fokus hier auf Kant gerichtet ist, nimmt Bezug darauf, dass der Ausdruck »abstrakter Universalismus« in den letzten Jahrzehnten in der Regel auf die Moralphilosophie Kants bezogen wurde, im Zeichen der These, wonach im »kategorischen Imperativ« eine Schlüsselkonzeption des rationalistischen Menschenbildes der Moderne auszumachen sei.[5] Dagegen soll in Erinnerung gerufen werden, dass Kant seine Konzeption der »Vernunft« klar vom Begriff »Verstand (Rationalität)« unterscheidet und auf dieser Basis eine Perspektive auf die individuelle Besonderheit eröffnet. Im Blick darauf erscheint eine parallele Lektüre als sinnvoll, die Konvergenzen und Differenzen zwischen den Auffassungen Tu Weimings und Kants erkundet und die Frage nach möglichen Synergien aufwirft – stets im Zeichen der Auseinandersetzung mit Defiziten der heutigen Verhältnisse. Freilich kann das hier nur in skizzenhafter Form geschehen.

»Was in uns groß ist, ist in jedem Menschen vorhanden«

Wie Tu Weiming unterstreicht, nehmen seine Überlegungen zum Zusammenhang von Familie, Gemeinschaft, Natur und Kosmos (S. 33 f.) zunächst das »Selbst« (S. 11–20) in den Blick. Dazu hält Peimin Ni fest: »Unter den heutigen konfuzianischen Gelehrten verteidigt Tu Weiming die Bedeutung des ›Lernens um des selbst willen‹, indem er sagt, dass es die konfuzianische Sicht der Schaffung einer moralischen Subjektivität verkörpert« (S. 18, Anm. 6; meine Übersetzung). Demnach bildet Moral das Fundament der Entfaltung des gesamten Gedankenganges Tu Weimings. Dabei treten zwei Aspekte hervor: Für jeden Einzelnen gilt zum einen, dass sich dieses Prinzip der Menschlichkeit »in seinem ursprünglichen Herzen/Geist befindet. Keine maßgebende, äußere Macht hat ihm diese Einsicht enthüllt« (S. 40) – »›das, was in uns groß ist‹ ist in jedem Menschen vorhanden« (S. 24); zum anderen ist jeder damit konfrontiert, »dass ich nicht bin, was ich sein sollte« (S. 33), und findet sich damit vor die Aufgabe der »Selbstkultivierung« (S. 18, 34), das heißt des kontinuierlichen Bemühens um »Vervollkommnung« (S. 16) gestellt, »um das in uns aufzurichten, das groß ist« (S. 11). Hier zeigt sich eine bemerkenswerte Übereinstimmung: Auch Kant vertritt die These, dass das Grundprinzip der Moral in jedem Einzelnen angelegt, das heißt nicht von außen oktroyiert ist, und dass die Umsetzung dieses Prinzips im Handeln einen lebenslangen Prozess der Kultivierung erfordert, den er so darstellt: »Tugend ist immer im Fortschreiten und hebt doch auch immer von vorne an«.[6]

Dieser Vergleich könnte mit Hinweis darauf in Zweifel gezogen werden, dass die Moral bei Tu Weiming im »Mitgefühl« (S. 47) verankert ist, bei Kant hingegen in der Vernunft. Hier gilt es jedoch Kants Konzeption des »moralischen Gefühls« in Betracht zu ziehen: Da wir sinnliche Wesen sind, so erläutert Kant, kann das ursprüngliche Wissen um das Gute, das in unserer Vernunft angelegt ist, nur praktische Relevanz gewinnen, indem es auf unser Gefühl wirkt. Insofern also unsere »Empfänglichkeit« (MS 531) für die Verpflichtung zum Guten am moralischen Gefühl liegt, stellt sich aus der subjektiven Perspektive das Gefühl als Ort der Moral dar. Demnach ist »das moralische Gefühl gleichsam ein besonderer Sinn (sensus moralis)« (MS 517). In diesem Kontext unterstreicht Kant die Aufgabe eines kontinuierlichen Lernens. Während er zum einen festhält: »Ohne alles moralische

Gefühl ist kein Mensch«, macht er zum anderen geltend, dass es dieses Gefühl erst noch zu »kultivieren« gilt (MS 531). Damit rückt die soziale Dimension ins Bild: Die Verfeinerung unserer »Empfänglichkeit« für das moralisch Gebotene kann nur auf dem Wege unserer Auseinandersetzung mit den jeweils gegebenen Situationen, das heißt mit konkreten Menschen, erfolgen. Zu erkunden gilt es nun, ob bzw. wie weit die anzustrebende Sensibilisierung für andere mit dem übereinstimmt, was Tu Weiming die Kultivierung des »Mitgefühls« nennt.

Entscheidend ist die von den beiden Autoren geteilte Auffassung, dass die »Goldene Regel« nicht ausreicht, um den Anspruch der Moral adäquat zu bestimmen.[7] In der *Grundlegung zur Metaphysik der Sitten* hält Kant fest: »Man denke ja nicht, dass hier das triviale: quod tibi non vis fieri etc. zur Richtschnur [...] gelten könne [...]; denn es enthält nicht den Grund der Pflichten gegen sich selbst, nicht der Liebespflichten gegen andere [...], endlich nicht der schuldigen Pflichten gegeneinander.«[8] Einer umfassenden Erkundung der Implikationen dieser These ist der Teil »Tugendlehre« der *Metaphysik der Sitten* gewidmet.[9] Die »Pflichten gegen sich selbst« sind dabei unter den Leitfaden des Strebens nach »eigener Vollkommenheit« (MS 516) gestellt, die »Tugendpflichten gegen andere« unter den der Beförderung der »fremden Glückseligkeit« (MS 517), die Kants Konzeption der »praktischen Liebe« (GM 37) entspricht. Hier springt zunächst ins Auge, dass Kants Termini »Vollkommenheit« und »Liebe« mit Schlüsselbegriffen Tu Weimings übereinstimmen. Ebenso signifikant ist, dass

Kant jeweils das individuell besondere Selbst in den Blick nimmt, beginnend mit der je eigenen leiblichen Verfassung und den spezifischen Talenten. Demgemäß betrifft die Aufgabe der Vermehrung der Vollkommenheit des Einzelnen nicht nur die »Erhöhung seiner moralischen Vollkommenheit« (MS 582 f.), sondern ebenso die »Entwickelung und Vermehrung seiner Naturvollkommenheit« (MS 553–561). Kants (bis heute relevante) Ausführungen zur Kindererziehung folgen dieser Differenzierung.[10] Signifikant ist ferner, dass Kant in der Erläuterung des Begriffs »Tugend« die Bedeutung des Plurals hervorhebt und demgemäß ein komplexes Tableau von Tugenden entwickelt (MS 512). Für ein »joint venture« scheint es vielversprechend, diese Ausdifferenzierung an die Seite der von Tu Weiming hervorgehobenen konfuzianischen Werte zu stellen (siehe etwa Tu 2010, xii, 121, 125).

Auch hinsichtlich der »praktischen Liebe« unterstreicht Kant, dass auf die jeweilige Besonderheit von Individuen Bedacht zu nehmen ist. Es geht um »die Glückseligkeit anderer Menschen […], deren Zweck ich hiermit auch zu dem meinigen mache. Was diese zu ihrer Glückseligkeit zählen mögen, bleibt ihnen selbst zu beurteilen überlassen« (MS 518). Das bedeutet: Praktische Liebe kann sich nur dann entfalten, wenn wir den anderen, mit denen wir zu tun haben, aufmerksam zuhören.[11] Auf diese Weise läuft Kants Tugendlehre auf eine Haltung hinaus, die in den Worten Tu Weimings »Verschiedenheit toleriert, anerkennt und respektiert« (S. 54); damit sind auch philosophische Grundlagen für die Forderung einer »Anerkennung kultureller Verschiedenheit« (S. 53) bereitgestellt.

Dass die Gefahr einer mangelnden Sensibilität selbst dort auftreten kann, wo Hilfe geleistet wird, erläutert Kant am Beispiel der paternalistischen Haltung, die der Selbstwahrnehmung derjenigen, die einer Unterstützung bedürfen, kein Gehör schenkt.[12] So formuliert Kant: »Teilnehmende Empfindung ist überhaupt Pflicht« (MS 593). Es ist genau dieser Punkt der Argumentation, an dem eine Zusammenführung mit Tu Weimings neokonfuzianisch inspirierter Forderung, »das Herz zu erwecken, um es empfindsam werden zu lassen für die Welt um uns herum« (S. 25), eine subtile Ausdifferenzierung der Thematik zu erzielen verspricht.

»Der scharfe Kontrast zwischen weltlich und heilig existiert nicht«

Signifikant ist ferner, wie Kant auf diejenigen Bezug nimmt, die sich selbst als Atheisten bezeichnen. Er verteidigt seine These, der zufolge es im Grunde genommen keinen Menschen ohne Religion gibt, indem er auf die Differenz zwischen Theorie und Praxis verweist: Auch wer agnostische Theorien vertritt, vertraut im Handeln darauf, dass es nicht sinnlos ist, dem moralischen Imperativ zu folgen. »Der Atheismus kann in der puren Speculation sein, aber in der praxi kann ein solcher ein Theist oder ein Verehrer Gottes seyn; dessen Irrtum erstreckt sich auf die Theologie und nicht auf die Religion«.[13] Die These einer von allen Menschen geteilten gläubigen Haltung prägt auch Tu Weimings Konzeption des »geistigen Humanismus«, wie unter anderem aus der Art hervorgeht, in der er den Atheismus einbezieht: »Ganz gleich ob der geistige Humanismus nun theistisch oder pantheistisch verfasst ist, immer wird er ein Bündnis mit dem Atheismus und den verschiedenen Arten des Vitalismus, der für die meisten indigenen Traditionen charakteristisch ist, einzugehen suchen.« (S. 57)

Von Relevanz dürfte hier überdies sein, dass Kant zufolge erst im Medium der Gläubigkeit die Sinnfrage des Lebens als gelöst aufgefasst werden kann. Aus der Perspektive eines rein immanentistischen Realitätsbegriffs, so zeigt er, kann sich die Lage des Menschen nur als absurd darstellen: Während die Naturprozesse eine gesetzmäßige Ordnung erkennen lassen, bildet die Welt der Menschen einen radikalen Bruch, herbeigeführt durch die unabwendbaren Bedingungen der Endlichkeit, insbesondere die vielfältigen Erfahrungen der Inkongruenz von Tugend und Glückseligkeit, die Menschen von sich aus nicht zu beseitigen vermögen. Diesem Eindruck von Absurdität setzt Kant entgegen: Nur auf der Basis der in allen Einzelnen angelegten »natürlichen Religion« kann die »systematische Einheit« erfasst werden, in der »die ganze Natur und deren Beziehung auf Sittlichkeit in der Welt« in einem wohlgeordneten Ganzen verbunden sind.[14] Im Rahmen des vorgeschlagenen »joint venture« könnte es lohnend sein, an die Seite dieser Überlegung Kants die von Tu Weiming – mit Verweis auf Cheng Hao und Wang Yangming – ausgeführte These zu stellen, dass »die Menschen mit Himmel, Erde und allen Dingen eine Einheit bilden« (S. 31).

»Vom Selbst zu Familie, Gemeinschaft, Nation, Welt«

Eine signifikante Übereinstimmung zwischen Tu Weiming und Kant liegt auch darin, dass die Wichtigkeit der sozialen Integration der Individuen hervorgehoben wird, die mit der Familie einsetzt. Beide Autoren thematisieren die jeweils spezifischen Verantwortlichkeiten, die Eltern und Kinder gegeneinander wahrzunehmen haben. Tu Weiming erörtert insbesondere, dass der konfuzianischen Auffassung zufolge eine antagonistisch strukturierte Verpflichtung zu meistern ist, um die »Rolle als Sohn« (S. 49) angemessen zu erfüllen. Wo dann über die Familie hinausgehende soziale Gefüge zur Sprache kommen, sind jedoch differente Akzentsetzungen bei Tu Weiming und Kant nicht zu übersehen. So fällt bereits bezüglich der Sphäre persönlicher Bindungen auf, dass Kant der Freundschaft große Relevanz beimisst (MS 608–613). Hinsichtlich der umfassenderen sozialen Einheiten erhebt sich die Frage, wie weit sich bei Kant Parallelen zu Tu Weimings Konzeption der »Gemeinschaft« finden. Die Darlegung des »geistigen Humanismus« macht geltend, dass es um »die Verfeinerung und Ausweitung des Mitgefühls (Sympathie, Empathie, Anteilnahme)« gehen muss, ein Gefühl, »das allen Menschen innewohnt und das es zu erweitern und auszudehnen gilt – vom Selbst zur Familie, zur Gemeinschaft, zu Nation, Welt, Natur und sogar darüber hinaus« (S. 34). Aus anderen Bemerkungen geht hervor, dass die umfassenden Ordnungen nach dem Muster der Familie gedacht sind, das heißt als komplexe Gefüge, die jeweils von tradierten komplementären Rollen geprägt sind. Bemerkenswert ist, dass der Rechtsstaat keine explizite Erwähnung findet – auch die »Nation« ist von dem Anspruch auf geteilte Empfindung her thematisiert.

Indessen leiten sich für Kant aus dem in allen Einzelnen angelegten Grundprinzip der Moral zwei verschiedene soziale Verpflichtungen ab: nicht allein die Gründung eines »Reichs der Tugend« (RG 753), sondern auch die Etablierung eines Verfassungsstaates (den es letztlich in ein gesetzlich geregeltes internationales Staatengefüge zu integrieren gilt). Demgemäß bildet in *Die Metaphysik der Sitten* die »Tugendlehre« den zweiten Teil, dem die »Rechtslehre« vorangestellt ist. Kant gibt zu bedenken, dass traditionelle Rollenmuster zu einem Zwang verhärtet werden können: Wenn »der Gebrauch, mos, zur Würde eines Gesetzes erhoben wird«, so argumentiert er, entsteht eine »Tyrannei der Volkssitte« (MS 603), der es gesetzliche Maßnahmen entgegenzusetzen gilt. Zu den Aufgaben des Rechtsstaates gehört demnach, Individuen vor dieser Art von Unterdrückung zu beschützen, etwa indem Ausstiegsmöglichkeiten aus tradierten Lebensmustern eröffnet werden. Im Blick auf die Spannungen, die für das heutige Zusammenleben kennzeichnend sind, dürften diese Überlegungen ihre Aktualität bewahrt haben. Daher erscheint es als eine lohnende Aufgabe für ein philosophisches »joint venture«, zu erkunden, in welcher Weise gegenwärtig eine tragfähige Vermittlung zwischen der auf geteilter Identität beruhenden Gemeinschaft und dem die Grundrechte der Einzelnen sichernden Verfassungsstaat erzielt werden könnte.[15] Wichtig wäre es, diese Debatte aus globaler Perspektive zu führen, dem kosmopolitischen Aspekt des »geistigen Humanismus« entsprechend: Wie Tu Weiming erläutert, bringt »die Sprache des Humanismus« zur Geltung, »dass wir vor allem und unausweichlich menschlich sind«.[16]

Zum Gegensatz von Konfuzianismus als geistiger Tradition und sozialer Praxis

Hans van Ess

Tu Weimings Konfuzianismus ist ein Konstrukt, das historische Rückgriffe auf den traditionellen Konfuzianismus macht, aber nicht aus einer historischen Perspektive verstanden werden darf, denn Geistesgeschichte ist mehr als die Aneinanderreihung einzelner positiver philosophischer Gedanken. Würde man die einzelnen Gedanken, die in Tus Vortrag stehen, historisch kontextualisieren, dann stellte sich schnell heraus, dass die historische Realität in China den hier präsentierten philosophischen Ideen niemals standgehalten hätte. Sie sind Utopie, nicht Rekonstruktion. Tu Weimings Konfuzianismus darf auch nicht aus einer philologischen Perspektive verstanden werden, denn dann müsste man einzelne Begrifflichkeiten genauer untersuchen und dürfte sie nicht aus einem modernen Verständnis heraus interpretieren. Das betrifft zum Beispiel die Aussage Tus, wonach dem altchinesischen Wort Herz neben Verstand auch noch Gefühl und möglicherweise gar Seele innegewohnt haben soll (S. 11 f.), aber auch diejenige, wonach Ausgrabungsfunde belegten, dass sich die konfuzianische Menschlichkeit aus Körper und Geist zusammensetzte und eigentlich Selbstliebe sei (S. 48), anstatt dass hier von Zwischenmenschlichkeit gesprochen werde. Beides ist aus philologischer Sicht höchst problematisch.[1]

Tu Weimings Darstellung des geistigen oder spirituellen Humanismus hat also wenig mit dem zu tun, was der Konfuzianismus in China einmal gewesen ist. Vielmehr handelt es sich um ein Projekt für die Zukunft, ein Gebilde, mit dem die modernen Chinesen zu dem erzogen werden sollen, was ihre Tradition theoretisch möglich machen könnte. Als Tu Weiming in den achtziger Jahren des letzten Jahrhunderts vom bei allen ideologischen Gegensätzen auch in der VR China hochverehrten Staatspräsidenten Lee Kuan Yew (1923–2015) nach Singapur eingeladen wurde und dort »asiatische Werte« predigte, da war seine Mission, in einer Welt, die durch Materialismus gekennzeichnet war, mäßigende Elemente einzuführen. Als er wenig später auch in der Volksrepublik China reüssierte, versuchte er, einem durch den Sozialismus Mao Zedongs (1893–1976) genauso wie den nachfolgenden Reformkommunismus Deng Xiaopings (1904–1997) und die marktwirtschaftlichen Reformen Jiang Zemins (1926–2022) sich schnell ausbreitenden Wertenihilismus etwas entgegenzusetzen, dem sogenannten geistigen Vakuum, das Anfang des Milleniums in China in aller Munde war. Das ist der Hintergrund, vor dem die manchmal vielleicht ein wenig zu enthusiastisch anmutenden Perpektiven des Konfuzianismus entstanden sind, die Tu in seinem Vortrag über den geistigen Humanismus ausbreitet.

Die Geistesgeschichte des 20. Jahrhunderts ist von Vorwürfen geprägt gewesen, die große Teile der chinesischen Elite dem Konfuzianismus für seine sozialen Auswirkungen gemacht haben. Er sei unter anderem dafür verantwortlich gewesen, dass eine übermäßige Hierarchiegläubigkeit jegliche Kreativität in China erstickt habe.[2] Tu versucht in seinem Denken und auch im vorliegenden Text, dieser Kritik zu begegnen, ohne dass er sie eines Wortes würdigen würde. Tatsächlich haben klassische konfuzianische Texte das Verhältnis zwischen Fürst und Untertan und dasjenige zwischen Vater und Sohn in positiven Vokabeln ausgedrückt, und in der Tat waren und sind diese Beziehungsverhältnisse in China natürlich weitaus komplexer, als es die naive und oft holzschnittartige Konfuzianismuskritik in China, aber auch im Westen wahrhaben wollte.[3] Doch fragt sich der Leser der Gedanken von Tu Weiming an vielen Stellen, ob es wirklich klug ist, diese Zerrbilder gänzlich unkommentiert zu lassen und ihnen stattdessen Visionen gegenüberzustellen, die umgekehrt die Probleme der historischen Realität gänzlich ausblenden.

Ein zentrales Element des klassischen Konfuzianismus sind die sogenannten fünf Beziehungen (*wu lun* 五倫), die zunächst im Text des Menzius benannt werden, dann aber auch in anderen Grundlagentexten des Konfuzianismus.[4] Sie sind dasjenige Element des Konfuzianismus, das im 20. Jahrhundert am stärksten zur Zielscheibe der ikonoklastischen Kritik geworden ist. Man warf dem Konfuzianismus vor, bestehende Unterordnungsverhältnisse zu zementieren. Wenn Tu Weiming schreibt, dass alle fünf Beziehungen – Fürst zu Untertan, Vater zu Sohn, Mann zu Frau, Alt zu Jung und Freunde untereinander – von gegenseitigem Nutzen bestimmt seien, fragt sich der Leser, ob man nicht angesichts dessen, was nach dem Fall des Kaiserreichs über diese Beziehungen gesagt worden ist, doch ein wenig ausführlicher auf das Problem eingehen müsste. Zwischen Mann und Frau, so heißt es bei Tu unter Rückgriff auf die eben genannte Stelle des *Menzius*, herrsche ein Unterschied (und nicht nur eine Aufgabenteilung, S. 35 f.), doch worin der Unterschied besteht und wie man ihn in der modernen Gesellschaft fruchtbar machen kann, das wären Probleme und Fragen, an denen man sich abarbeiten müsste. Es mag ja durchaus legitim sein, dem in westlichen Gesellschaften omnipräsenten Gedanken einer absoluten Geschlechtergleichheit etwas entgegenzusetzen oder Ungleichheiten zumindest gedanklich zu erwägen, doch wenn man vollständig über diese Leerstelle hinweggeht, dürfte das Kritik nur um so mehr auf sich ziehen. An solchen Stellen zeigt sich ja, dass die Gedanken des Konfuzianismus jenseits eines freundlichen Humanismus möglicherweise in Zukunft auch Sprengkraft in sich bergen könnten. In der Vergangenheit ist dies jedenfalls so gewesen. Schon unter der letzten kaiserzeitlichen Dynastie, den mandschurischen Qing, hat es Denker wie Dai Zhen (1724–1777) gegeben, die mit Bezug auf starre konfuzianische Moralvorstellungen erklärten, dass die Ausrichtung an den Idealen, Prinzipien oder Mustern des Neokonfuzianismus der Song-Zeit im Extremfall zu Selbstmord oder Mord führen könnte. Der Sprung zur universalen goldenen Regel, der bei Tu Weiming an die Stelle einer inhaltlichen Auseinandersetzung mit den Schwachstellen der historisch-sozialen Praxis des Konfuzianismus tritt, wird sicherlich in manchem Leser – und vor allem bei Leserinnen – ein gewisses Unbehagen hinterlassen.

Im Konfuzianismus hat es natürlich immer eine »spirituelle« Tendenz (S. 57 f.) gegeben, aber es gibt sehr wenige konfuzianische Denker, die nicht auf der anderen Seite oder auch gleichzeitig die politische Praxis ihres Denkens betont haben, und es ist deshalb sehr schwer, spirituelle Aspekte des Konfuzianismus von ihrer sozialen Anwendung zu abstrahieren. Wenn Tu Weiming von den fünf Beziehungen spricht, dann betont er die Tugend der Gegenseitigkeit, also der gegenseitigen Rücksichtnahme, die diese Verhältnisse erst möglich machte. Das vermag er aber nur, indem er mehrere konfuzianische Grundlagentexte vermischt, in denen von den fünf Beziehungen die Rede ist. Zur Darstellung der Beziehungen zwischen Vater und Sohn und Fürst und Untertan verlässt er sich auf das berühmte Kapitel *Liyun* 禮運 (wörtlich: »Entwicklung der Sitten«) aus dem *Buch der Riten*, das eine Sozialutopie enthält (ganz ähnlich wie Tus eigener Vortrag). In der Mitte dieses Kapitels heißt es, dass der Weise alles unter dem Himmel als eine Familie ansieht und dass er dies deshalb tun kann, weil er weiß, in was für Stimmungslagen Menschen geraten können und was sie moralisch für richtig halten. Der Verfasser dieses Kapitels fragt dann rhetorisch, was es denn sei, das die Menschen für richtig hielten, und er antwortet selbst auf seine eigene Frage mit zehn Dingen, die als moralisch richtig feststünden. Die ersten beiden davon sind, dass der Vater »gütig« (Marchal und Kroh übersetzen als »mitfühlend«, vgl. S. 35) sei und der Sohn »kindesliebend« (Marchal/Kroh: »kindlich-pietätvoll«, ebd.), die letzten beiden, dass der Herrscher »gut« im Umgang mit den Menschen sei (Marchal/Kroh: »gütig«) und der Untertan treu oder loyal.[5] Das deckt sich genau mit dem, was Tu Weiming sagt. Man hätte nun annehmen sollen, dass Tu auch für die anderen drei Beziehungen dem Text des *Liyun*-Kapitels folgen würde. Doch das tut er nicht.

Warum ist das so? Wäre Tu Weiming weiter dem *Liyun*-Kapitel gefolgt, dann hätte er schreiben müssen, dass »der ältere Bruder gut und der jüngere Bruder [unterwürfig] wie ein jüngerer Bruder, der Mann gerecht und die Frau folgsam, die Erwachsenen großzügig und die Jungen gehorsam« sein sollten. Die Gegenseitigkeit wäre in diesen Formulierungen natürlich nicht mehr ganz aufgegangen und vor allem der Gleichheitsgedanke verloren gewesen. Tu Weiming beschreibt die Möglichkeit, dass auch in hierarchischen Beziehungen Gegenseitigkeit herrschen kann, sehr ausführlich am Beispiel des Verhältnisses zwischen Vater und Sohn (S. 49 f.). Der Sohn darf den Vater kritisieren, und manchmal muss er das sogar. Man hätte dasselbe auch am Beispiel des Fürsten darstellen können, der maßgeblichen Texten des Konfuzianismus zufolge die Loyalität seines Untertanen nicht immer leicht ertragen konnte, denn Loyalität schloss die Pflicht zu scharfer Ermahnung ein, wenn der Fürst Dinge tat, die in den Augen seines Untertanen nicht richtig waren. Zahllos sind die alten Texte, in denen davon berichtet wird, wie Fürsten Diskussionen an ihrem Hof abhalten ließen und am Ende sprachlos darüber waren, was sie sich von ihren Untertanen alles anhören mussten.[6] Über diesen sehr interessanten und für die chinesische Geistesgeschichte überaus wichtigen Punkt ist im Zuge der Renaissance des Konfuzianismus in der Volksrepublik China übrigens interessanterweise verhältnismäßig wenig geschrieben worden. Man sollte wohl keine voreiligen Schlüsse aus dieser Tatsache ziehen, doch bemerkenswert ist das.

Im traditionell chinesischen Verhältnis zwischen Mann und Frau ist es schwerer, die Gegenseitigkeit und die damit verbundene Gleichheit beider Seiten zu erkennen. Dass zwischen Mann und Frau ein Unterschied – oder, wenn man so will, eine unterschiedliche Aufgabenverteilung – zu herrschen habe, steht im *Buch der Riten* an mehreren Stellen, und an einer davon heißt es dann: »Der Mann führt die Frau, die Frau folgt dem Mann. Die rechte Beziehung zwischen Gatten und Gattin entsteht daraus. Die Bedeutung des Wortes Gattin ist eben, dem Mann zu folgen. Wenn sie jung ist, folgt sie Vater und älterem Bruder, wenn sie verheiratet ist, folgt sie dem Gatten, und wenn sie verwitwet ist, folgt sie ihrem Sohn.«[7] Der Satz ist im Zuge der Diskussionen um die Stellung der Frau zu Beginn des 20. Jahrhunderts und vor allem nach der Revolution von 1911 immer wieder kritisiert worden; und bis heute hat sich die Haltung zu ihm in China nicht wesentlich verändert: Damit will man nichts mehr zu tun haben.

Tu betont, dass der chinesische Mensch immer in einem Geflecht von Beziehungen zu Hause sei, und stellt sich damit im Grunde in eine Denktradition, die Carl Schmitt in seinem berühmten Aufsatz über den

»Begriff des Politischen« den angelsächsischen pluralistischen Staatstheoretikern zuspricht.[8] Es ist ein liberaler Gedanke, der das Individuum lieber in privaten Beziehungen verortet als in staatlichen, der weniger die Pflichten betont als vielmehr die Gegenseitigkeit. Carl Schmitt hat aber auch schon darauf hingewiesen, dass in diesem liberalen Gedanken gleichzeitig ein Versuch steckt, das politische Element zu eliminieren, und genau dies ist ein Eindruck, der auch bei Tu Weiming entsteht.

Tu Weiming hat recht, wenn er darauf hinweist, dass ein zentrales Element des Konfuzianismus die Selbstbildung ist, dass das Studium des Konfuzianers dazu dient, »ganz menschlich zu sein« (S. 58). Dies ist allerdings ein hoher Anspruch, und bei allem Respekt für die Tradition des Lernens, die der Konfuzianismus in China zur Perfektion getrieben hat, muss man gleichzeitig darauf hinweisen, dass innerhalb dieser Tradition selbst fast in jeder Generation einmal der Gedanke aufgekommen ist, wie leicht die Aufforderung zum Lernen im Zusammenhang mit dem daraus entstandenen Prüfungswesen zum geisttötenden Auswendiglernen verkommen konnte. Folgen davon sieht man im ostasiatischen Unterrichtswesen noch heute, nicht nur in China, sondern auch in seinen Nachbarländern.

Einführend hatte ich darauf hingewiesen, welchen sozialen Hintergrund die Gedanken Tu Weimings in Asien haben. Man kann sich indes manchmal nicht des Eindrucks erwehren, dass er zusätzlich zum Projekt der Zähmung des asiatischen Raubtierkapitalismus auch den Westen im Blick hat. Er reiht sich nämlich nahtlos in die Denker der sogenannten ersten und zweiten Generation des Neukonfuzianismus ein, die dem Westen zu beweisen versuchten, dass es eine ihm selbst vergleichbare spirituelle Ausrichtung im Osten gegeben habe, die immer noch lebendig sei. Diese Versuche einer Ehrenrettung der asiatischen Tradition waren vor dem Hintergrund der vor allem unter *China-Watchers* in den USA weit verbreiteten Auffassung zu verstehen, dass der kommunistische Totalitarismus fest in der chinesischen Geistestradition verwurzelt sei und im Grunde eine Fortsetzung der imperialen Geschichte war. Mit der Machtübernahme durch Mao Zedong hatten für diese Beobachter die Thesen Karl August Wittfogels über die »orientalische Despotie« eine würdige Nachfolgerin bekommen. Insofern ist das neukonfuzianische Philosophieren viel fester mit dem westlichen Denken verwoben, als es selbst dies eigentlich wahrhaben möchte. Es ist in ganz zentraler Weise als Versuch einer Ehrenrettung Ostasiens zu verstehen.

Eine Reihe von Beispielen zeigen in dem Vortrag zum »Geistigen Humanismus«, wie Tu Weiming westlichen Wunschträumen eine Heimat in China zu geben versucht, dass er also neben den Anforderungen der chinesischen Realität auch verschiedene westliche Agenden bedient. Die Vokabel von der »Ganzheitlichkeit« beispielsweise, die in Tus Aufsatz immer wieder auftaucht (siehe S. 14, 19, 28, 31, usw.), ist etwas, das man im klassischen Konfuzianismus natürlich nicht findet. Ihre geistige Heimat liegt nicht sehr weit weg vom modernem New-Age-Denken, das seine Heimat in den Vereinigten Staaten hat. Natürlich ist »die Einheit des Menschen mit Himmel und Erde« (vgl. S. 31), die Tu Weiming beschwört, wenn er von ganzheitlichem Denken spricht, ein ganz zentraler Gedanke des alten Konfuzianismus. Aber er ist dort nicht darauf bezogen, dass der Mensch als Ganzes mit seiner Umwelt verschmilzt, sondern er steht im Zusammenhang mit der Theorie, dass nur der Weise, der die Mechanismen von Himmel und Erde versteht, in der Lage ist, die Welt zu lenken und andere Menschen zu führen. Letztlich ist das nicht weniger anthropozentrisch gedacht als im Humanismus der Aufklärung.

Zum Konzept der Ganzheitlichkeit und zur Ablehnung der aristotelischen Unterscheidung von Subjekt und Objekt gehört natürlich auch Tus Meinung, dass der aus dem Konfuzianismus erwachsene geistige Humanismus keine scharfen Dichotomien kenne. Auch hier scheint Tu Weimings Philosophie eher in die chinesische Zukunft gerichtet zu sein und mehr von westlichen Vorstellungen geprägt als von der chinesischen Vergangenheit. Natürlich lehrt das *Buch der Wandlungen*, dass in jedem Yang ein Yin schlummert und umgekehrt, dass also die Welten sich zusammenfügen zu einem harmonischen Ganzen. Aber wenn man auf die soziale Praxis des altchinesischen Denkens schaut, dann ist es von einer Reihe scharfer Dichotomien bestimmt. Menzius sprach von denen, die mit ihrem Herzensverstand arbeiten, und denen, die mit ihrer Körperkraft ackern.[9] Und die Dichotomie von Körper und Geist taucht vor allem im vom Buddhismus natürlich stark beeinflussten Neokonfuzianismus ab der Song-Zeit mit gewaltiger Härte auf, wenn die Denker um Zhu Xi (1130–1200), den wohl wichtigsten Konfuzianer des zweiten Jahrtausends nach Christus, ihre Anhänger und Adepten auffordern, ihre »menschlichen Begierden« (*renyu* 人欲) zu unterdrücken, um dem Vorbild der »himmlischen Ordnung« (*tianli* 天理) nachzueifern.

Die ungebändigte Natur galt dem guten Konfuzianer als feindlich. Dies meinte er nicht nur mit Bezug auf die eigene menschliche Natur, deren Triebe unterworfen werden mussten, sondern auch mit Bezug auf die Außenwelt. Deren Bedrohungen einzuhegen, war ein wichtiges Bestreben des Konfuzianismus, und diesem ist die Blüte der vormodernen Wissenschaft in China maßgeblich zu verdanken. Die Einheit des Menschen mit der Natur ist im traditionellen chinesischen Denken nicht besonders stark ausgeprägt gewesen, auch wenn die alten Texte dem Weisen empfehlen, er solle im Einklang mit Himmel und Erde agieren.

Der geistige Humanismus ist eine schöne Utopie. Ob er die Schwierigkeiten wirklich aushält, die ihm aus dem praktischen, sei es nach konfuzianischen Traditionsregeln oder nach der Urwüchsigkeit des menschlichen Daseins überhaupt gestalteten Leben erwachsen, dies könnte nur in einer Philosophenrepublik ausprobiert werden. Er fügt sich aber zu ähnlichen Projekten, wie sie zum Beispiel der kürzlich verstorbene Hans Küng mit seinem »Weltethos« entwickelt hat. Und in einer Welt Sinn zu suchen und zu geben, in der die Orientierung in vielerlei Hinsicht abhandengekommen ist, das ist ein Bestreben, für das man Tu Weiming genauso Achtung zollen sollte wie Hans Küng. Einer durch die materiellen Werte der globalisierten Welt geprägten chinesischen Jugend eine solche Utopie vor Augen zu halten, ist ein ehrenwertes Unterfangen. Ähnliches haben auch die Konfuzianer längst vergangener Welten versucht.

Tu Weimings »geistiger Humanismus«: Mehr Cervantes als Descartes

Jonathan Keir

Es ist eine offene und wichtige Frage, *mit wem* wir Tu Weiming vergleichen sollten.[1] Wie der syrische Dichter Adonis hat Tu eine gefährdete kulturelle Tradition in schwierigen Zeiten am Leben gehalten, indem er sie kreativ verwandelt und mit Elementen anderer Traditionen bereichert hat. Man könnte Tu aber auch mit Philosophen und Intellektuellen wie Charles Taylor, Dipesh Chakrabarty oder Achille Mbembe vergleichen, die sich kritisch mit der Philosophie der europäischen Aufklärung auseinandergesetzt haben, um einen weiteren Horizont – »über die ›Aufklärungsmentalität‹ hinaus« – zu eröffnen.[2] Tus Ansatz des »um des Selbst willen Lernens«, der von der Herzenslehre eines Menzius und Wang Yangming inspiriert ist, scheint letztlich aber dem weniger begriffslastigen Diskurs der Literatur viel näher. Wie Milan Kundera in seinem Essayband *Die Kunst des Romans* betont, ist die Freiheit des modernen europäischen Individuums nicht nur auf Descartes, sondern auch und insbesondere auf Cervantes zurückzuführen.[3] Die Geschichte des Konfuzianismus ist ähnlich wie die Geschichte des europäischen Romans – von Cervantes bis Proust, Kafka, Joyce und weit darüber hinaus – als kontinuierliche Weiterentwicklung eines humanistischen Selbstbewusstseins zu verstehen. Ganz unabhängig davon, ob wir das Phänomen *Konfuzianismus* nun lieber als »Philosophie«, »Religion« oder »Weisheitsliteratur« charakterisieren möchten: Tus Ziel war es immer, einen globalen Diskurs ins Leben zu rufen, der Platz für alle humanistischen Traditionen schafft.

Gewiss, Tu Weiming ist kein Spezialist für Weltliteratur – eine schillernde, akademische Disziplin, die heute von Forschern wie Franco Moretti oder David Damrosch auf der globalen Bühne vertreten wird. Auch gab es natürlich in der langen Geschichte des Neokonfuzianismus (11.–17. Jahrhundert) immer wieder Stimmen, die Chinas populäre Romanliteratur im Namen der Charakterbildung abgewertet haben; doch wussten die Konfuzianer, wie es der Vortrag über den »geistigen Humanismus« sehr anschaulich zeigt, um die Bedeutung der Gefühle – es ist das »Empfindungsvermöge[n] unseres Herzens« (S. 25, auch S. 46), das uns mit den anderen Menschen, aber auch mit dem ganzen Universum verbindet. Diese Überzeugung spiegelt sich in gewisser Weise auch in dem besonderen Stil dieses Vortrages, in dem Tu Weiming seine Leserschaft weniger mit Gründen von der Richtigkeit einer theoretischen Perspektive überzeugen, als ihr mithilfe von Metaphern und anschaulichen Formulierungen die Lebendigkeit und Alltagsnähe seines konfuzianischen Selbstverständnisses nahebringen will. Immer wieder appelliert er an unsere Vorstellungskraft und unseren Willen, bessere Menschen zu werden: »Wir müssen nur danach streben, [die Größe in uns] aufzurichten. Die einzige Voraussetzung ist unsere Bereitschaft, genau das zu tun.« (S. 24) Auch in seiner Rhetorik ist Tu dem Philosophen Menzius sehr ähnlich, der die Herrscher seiner Zeit im Gespräch – durch eine Art psychagogischer Mahnrede – auf seine Seite zu ziehen suchte und für den es außer Frage stand, dass jeder die Möglichkeit besitzt, gut zu sein.[4]

Genau besehen sind Tus Gedanken über die Fähigkeit zur Resonanz (als Voraussetzung für die Beziehung zum Himmel, S. 36) weitgehend spekulativer Natur und entziehen sich der Verifizierung aus einer erfahrungswissenschaftlichen Perspektive. Damit berührt sich das Denken des Harvard-Professors mit den Zukunftsperspektiven, die wir bei namhaften Vertretern fantastischer und ökologischer Literatur in der Gegenwart antreffen (Ursula Le Guin, William Gibson, Amitav Ghosh usw.). Nicht zuletzt ist Tus Kritik an der instrumentellen Vernunft der Aufklärung (etwa auf S. 38 f.) viel moderner als jene kunst- und literaturfeindlichen neokonfuzianischen Stimmen, die von der Geschichte des westlichen Romans nach Cervantes nie gehört haben. Tus Verständnis der freien, humanistischen Selbstbildung schließt selbstverständlich literarische Texte ein. So wie die Neokonfuzianer die eigene Tradition in der Reaktion auf die Herausforderungen von Buddhismus und Daoismus bereichert haben, möchte Tu seinen Konfuzianismus für ein globales Publikum zugänglich machen, das nicht nur vom aufklärerischen Wissenschaftsglauben, sondern auch von den Entwicklungen der Weltliteratur, insbesondere des modernen Romans, geprägt ist.[5]

In demselben Geist, in dem Adonis mit seiner Wiederbelebung der arabischen Dichtung versucht hat (man denke an Imru' al-Qais (501–550), Abu Tammam (804–845) und zahllose andere vergessene Figuren des frühislamischen und vorislamischen Zeitalters),[6] sucht Tu die Bedingungen für einen »Dialog der Zivilisationen« auf Augenhöhe zu schaffen. Das Ziel ist nicht, die kulturellen und politischen Errungenschaften der europäischen Renaissance und Aufklärung zu minimieren, sondern diese mit anderen, nichtwestlichen Stimmen zu bereichern und das kritische Gespräch eines globalen Humanismus konstruktiv weiterzuführen. Und so ist Tu Weimings Modell des »geistigen Humanismus« auch keineswegs nur ein Schmelztiegel für eine Weltkultur der Zukunft. Jeder von uns wird nur einmal geboren und wächst in einer bestimmten, historisch gewordenen Welt auf; wir alle müssen mit den Erfahrungsmöglichkeiten unserer Umwelt auskommen. Die Verantwortung, sich mit der eigenen Tradition vertraut zu machen und diese zugleich, auch durch den Kontakt mit anderen Kulturen, kritisch fortzuführen, um so die gemeinsamen Wurzeln eines globalen Humanismus zu vertiefen, bleibt für Tu nicht nur ein Allgemeinplatz; er hat sie vielmehr in seinem Lebenswerk – in Hunderten von Artikeln und Tausenden von Vorträgen auf Chinesisch und Englisch in fast 60 Jahren – unermüdlich verkörpert. In seinem Vortrag über den »geistigen Humanismus« lädt er seine Leserinnen und Leser ein, neben Konfuzius, Menzius, Zhu Xi und Wang Yangming auch noch weitere Denker wie Lu Jiuyuan (1139–1192), Cheng Hao (1032–1085) und Zhang Zai (1020–1077) kennenzulernen, die außerhalb Chinas bislang kaum bekannt sind.

Chinesische Literaten von Cao Xueqin (1715–1763) bis zu Lu Xun (1881–1936) haben früh mit der »Psychoanalyse des Konfuzianismus«[7] begonnen; im späten 20. und frühen 21. Jahrhundert hat Tu Weiming diesen Prozess weiter vorangetrieben. In diesem Zusammenhang ist auch sein wiederholter Hinweis auf die Wichtigkeit von »verkörpertem Wissen« (*tizhi*) zu verstehen (S. 22). Die instrumentelle Vernunft der Aufklärung, bei aller Wertschätzung, bietet keine Antworten auf Sinnfragen, die erst durch direkte geistige oder ästhetische *Erfahrung* zureichend adressiert werden können. Subjektive Erfahrung nimmt immer dialogische Formen an – mit dem Himmel, mit der Natur, mit anderen Menschen und Kulturen, und letztendlich mit dem eigenen Selbst. Dieses Ethos wird nicht nur durch die Philosophie, sondern auch durch Literatur, Kunst, Musik und andere »Wissenschaften des Geistes« bereichert und vertieft. Wo der auf Rationalität basierende, »säkulare« Humanismus aufhört, führt der »geistige Humanismus« weiter. Die konkreten »verkörperten« Antworten, die die verschiedensten Weltreligionen, Weltliteraturen und Weltkulturen auf »private« Sinnfragen bisher angeboten haben, sind alle mögliche Erfahrungsquellen für jene neugierigen Geister, die in jeder Kultur zu finden sind und als »geistige Humanisten« leicht identifiziert werden können.[8] Menschen wie Yang Jiang (1911–2016), die chinesische Übersetzerin von Cervantes, oder Can Xue (geb. 1953), die ihre chinesischen Leser in die Welt von Kafka, Borges und Calvino eingeführt hat, gehören genauso dazu wie die zahlreichen Konfuzianismusforscher in West und Ost, die Tu Weiming in seinem langen akademischen Leben gefördert hat.

Bevor aber ein echter, vertrauensvoller »Dialog der Zivilisationen« zwischen China und der Welt möglich ist, der über Parteipropaganda und neue Seidenstraßenrhetorik hinausgeht, braucht China ein erneuertes kulturelles Selbstvertrauen (denn dieses ist den Chinesen in den zahlreichen, in der Kulturrevolution gipfelnden politischen Umwälzungen der letzten 200 Jahre verloren gegangen). Nach seiner Emeritierung hat sich Tu Weiming, längst im Besitz der amerikanischen Staatsbürgerschaft, mutig zur Rückkehr nach China entschieden, mit dem Ziel, die akademische Kultur Chinas schrittweise und von innen zu reformieren und Platz für jene Art der kritischen Mahnrede zu schaffen, die Konfuzianer schon immer praktiziert haben. Ebendiese Tradition der humanistischen Kritik, die schon in der Qing-Dynastie (1644–1912) oft zur bloßen Floskel verkommen war, wurde im 20. Jahrhundert, lange vor der kommunistischen Revolution, im Namen eines aufklärerischen Modernisierungsprojekts systematisch ausgemerzt. Ob Tus Wirken in Beijing Erfolg beschieden ist, bleibt ungewiss. Zumindest können wir eins festhalten: Tu Weimings Version des Konfuzianismus hilft das alte Vorurteil korrigieren, dass Totalitarismus und Diktatur natürliche Fortentwicklungen der politischen Kultur Chinas seien.

Tu Weiming und das politische Denken eines nichtpolitischen Denkers

Ralph Weber

Shandong, 2007: Vor gut fünfzehn Jahren traf ich Tu Weiming in Jinan, der Hauptstadt der chinesischen Provinz Shandong. Wir nahmen beide an einer Konferenz zur Si-Meng-Schule[1] im Konfuzianismus teil, er als Hauptredner, ich als soeben Promovierter. Wir hatten uns zuvor schon einige Mal gesprochen. Ich hatte mit ihm im Rahmen meiner Doktorarbeit lange Interviews geführt, zuallererst im September 2004 an der Harvard Universität in Boston. Nun trafen wir uns zum ersten Mal nach der Fertigstellung meiner Doktorarbeit, die sich seiner politischen Philosophie gewidmet hatte,[2] und ich war gespannt auf seinen Eindruck. Er zeigte sich von der Arbeit angetan und meinte, freilich halb im Scherz: »Ich wusste gar nicht, dass ich eine politische Philosophie habe. Nun, nachdem ich deine Doktorarbeit gelesen habe, glaube ich, dass ich vielleicht eine habe.« Die Aussage überraschte mich nicht. Ich hatte mich ja intensiv mit Tus Texten auseinandergesetzt und sein politisches Denken aus scheinbar unpolitischen Anknüpfungspunkten rekonstruiert.

An der besagten Konferenz in Shandong im August 2007 stand auch ein Ausflug zum Geburtsort von Menzius im antiken Zouxian (heute Zoucheng) auf dem Programm. Der Besuch des dortigen Menzius-Tempels war der Höhepunkt der Reise. Auch ein Kamerateam war vor Ort, dem Tu ein Interview gab. Als er dann den Tempel betrat, lief die Kamera, und ich war sehr überrascht, als Tu sich dort mit den Händen vor der Brust verbeugte und effektvoll ganz offensichtlich eine Verbeugung mit zusammengelegten Händen (*baibai* 拜拜) vollzog. Obwohl ich in seinen Texten natürlich immer wieder gelesen hatte, wie Tu Konfuzianismus als lebendige religiöse Tradition versteht, irritierte mich die religiöse Handlung, die sich da vor meinen Augen abspielte und sich so schlecht mit meinem Bild vom Harvard-Professor vereinbaren ließ. Nicht weniger erstaunt war ich, als man sich in drei oder vier Bussen auf den Rückweg machte. Die Straßen in der Stadt gesperrt und die Ampeln für eine zügige Fahrt auf Grün gestellt geleitete uns eine Polizeieskorte bis zur Autobahn. Auch das ist vermutlich in Boston, Berlin oder Paris eine eher seltene Erfahrung akademischer Konferenzteilnehmer.

Die Episode zeigt die Bedeutung von Positionalität. Tu Weiming in Shandong war nicht Tu Weiming in Harvard. Dass die Kamera lief, mag die Performativität des religiösen Akts in Zouxian beeinflusst haben. Dass überhaupt ein Kamerateam vor Ort war, mag aussagekräftiger sein. Die Polizeieskorte wiederum sagte sicherlich etwas aus über die Bedeutung von Intellektuellen in China und vor allem von konfuzianischen Exponenten in der Volksrepublik um 2007 herum.

2018, Beijing: Tu Weiming hält den Wang Yangming-Vortrag am 24. Weltkongress für Philosophie. Der Kongress sprengt Dimensionen. Der Veranstaltungsort musste angesichts von 7000 Teilnehmern von der Beijing University zum China Grand Convention Center verlegt werden. Um ins Gebäude zu kommen, müssen Sicherheitskontrollen wie am Flughafen durchlaufen werden. Das Kongressthema »Lernen, Mensch zu sein« ist offensichtlich auf Tu zurückzuführen, der davon in seinen Texten oft spricht. Der Ausdruck ist von Wilfred Cantwell Smith inspiriert, der in seinem Buch *Faith and Belief: The Difference between Them* (1979) zum Beispiel schrieb, »jüdisch zu sein, ist Mensch zu sein« oder »Hindu zu sein, heißt Mensch zu sein«, und dabei betonte, dass »Mensch zu sein« einer besonderen Anstrengung bedürfe und dass es nicht einfach sei, »vollständig Mensch zu sein«.[3] Bei Smith wie bei Tu sind die Bemühungen um eine inklusive Sichtweise auf Weltreligionen deutlich spürbar. Tu schreibt etwa im Jahr 1984: »Das Menschsein zu lernen ist natürlich eine höchst komplexe Prozedur und es gibt viele Wege, es zu tun. Es gibt zum Beispiel den christlichen Weg, den islamischen Weg, den buddhistischen Weg oder den hinduistischen Weg; es gibt auch konfuzianische und taoistische Wege. Der konfuzianische Weg ist daher nur einer von vielen authentischen Optionen und Möglichkeiten, das Menschsein zu lernen.«[4] Gerade bezüglich der Bedeutung des Islams hat sich Tu über seine Karriere hinweg immer wieder positiv ausgesprochen.

So war es dann auf dem Weltkongress in Beijing, der eben stärker auch sogenannten nichteuropäischen philosophischen Traditionen eine Bühne bieten wollte, interessant zu sehen, wie die der islamischen Philosophie gewidmeten Sitzungen in eine Spannung zu einigen chinesischen Vorträgen traten, bei denen das Philosophische deutlich mit tagespolitischen Zwischentönen die muslimischen Minderheiten betreffend vermischt wurde. Tus Vortrag enthält keine offensichtlichen politischen Botschaften. Er liest sich einem vertrauten Muster entsprechend. Tu präsentiert seine inklusive Lesart von Konfuzianismus,[5] die er dann in ihrer Besonderheit wie auch in ihrer Verknüpfbarkeit in einer wiederum inklusiven Lesart einem globalen Dialog anheimstellt.[6] Wenn er in Beijing von »geistigem Humanismus« und »konfuzianischem Humanismus« sprach, so meinte er damit auch einen »inklusiven Humanismus«, wie er ihn schon seit langer Zeit bewarb.[7] Überhaupt bringt der Vortrag eine ganze Reihe von in Tus Werk zentralen Themen zusammen.

Politisches Denken steht im Text nicht im Vordergrund. Dennoch lassen sich einzelne Passagen zusammentragen, die offensichtlich auf den Bereich der Politik abzielen. Beim Kernthema des konfuzianischen Selbstbewusstseins zeigt Tu dessen Offenheit »für die Außenwelt« (S. 22) an, wobei »das, was in uns groß ist, aufzurichten« nicht von »äußeren Kräfte[n], seien sie politischer, gesellschaftlicher oder kultureller Natur« (S. 24), behindert werden kann. Dieses Verständnis, die ursprünglichen Bindungen, letztlich aber auch die kontingenten politischen Umstände als »ermöglichende Einschränkungen« (S. 21) aufzufassen, tritt in Tus Werk immer wieder in den Vordergrund. Die dem *Großen Lernen* entnommene konzentrische

Sichtweise, die Tu einer mohistischen[8] undifferenzierten Liebe als realistisch gegenüberstellt (S. 49), kulminiert in der Einsicht, dass »die vollständige Realisierung der Menschlichkeit eine Überwindung nicht nur des Egoismus, Nepotismus, Provinzialismus, Ethnozentrismus und Nationalismus, sondern auch des Anthropozentrismus erfordert« (S. 32, siehe auch S. 33 f.). Tu spricht denn auch in diesem Text einmal vom Ideal einer integrativen Gesellschaft (S. 53 f.).

Die bei Tu feststellbare Aufhebung des Politischen in der Inklusivität eines am Normativen ausgerichteten globalen Dialogs verdiente eine gesonderte Diskussion. Das Politikverständnis, so lässt sich aber festhalten, ist bei ihm dezidiert liberal und damit *sub specie consensus.*[9] Die Alternative *sub specie belli* tritt nicht einmal als verworfene Option in Erscheinung. Dass Tu in seinen Texten selten auf politische Umstände zu sprechen kommt, kann kritisch einer seiner Haupteinsichten die Rolle von Intellektuellen betreffend entgegengehalten werden, die auch im Vortrag in Beijing zur Sprache gekommen ist: »Selbsterkenntnis ist erforderlich für politische Verantwortung, gesellschaftliches Engagement und kulturelle Sensibilität« (S. 35).

Wenn man den Vortrag aber einer moderat esoterischen Lesart unterzieht, dann können vielleicht implizite politische Botschaften freigelegt werden. Wenn Tu die Aufklärung und ihre Ausgrenzung des Spirituellen kritisiert, dann erwähnt er zwar explizit die »Verwestlichung«, der Punkt trifft aber genauso den von der Kommunistischen Partei vertretenen Marxismus-Leninismus. Der geistige Humanismus, den Tu vertritt, ist einer, der »die Verschiedenheit toleriert, anerkennt und respektiert« und für den »die Forderung nach Anpassung an ein vorgefasstes und oftmals ideologisiertes Kontrollschema nur eine verzerrte Version von Harmonie« ist (S. 54). Wer den Parteidiskurs in der Volksrepublik China um die Harmonie in den letzten Jahren mitverfolgt hat, der mag hier direkte Kritik erkennen. Aber auch die Betonung, dass »jeder vom Himmel gestiftete Mensch« von Natur aus »frei, gleich und wertvoll« sei und dass »keine äußere Autorität« »das ›ursprüngliche Herz‹, das ›Prinzip des Himmels‹ oder das ›ursprüngliche Gewahrsein‹ von uns nehmen« kann oder soll (S. 55), ist vielsagend. In der dazugehörigen Anmerkung steht typisch straussianisch ein Verweis auf Liang Shuming (1893–1988), der während der Kulturrevolution heftig kritisiert wurde und sich mit einem Zitat aus den konfuzianischen *Lehrgesprächen* verteidigte (S. 55, Anm. 50).[10]

Harvard, 1993: Es sind ein paar Jahre vergangen, seitdem das Massaker am Platz des Himmlischen Friedens die Weltöffentlichkeit erschütterte. Auch Tu ist tief beunruhigt und greift zur Feder. In einem für ihn selten politischen Text in einer dem Thema »The Exit of Communism« gewidmeten Ausgabe von *Daedalus* adressiert er die Ereignisse vom Juni 1989 in unmissverständlicher Sprache.[11] Er spricht als Amerikaner und von Harvard aus. Der Text ist bemerkenswert. Er preist den »amerikanischen Weg« vollumfänglich, entlarvt ihn aber auch als Ausdruck eines lokalen Wissens in Ermangelung eines globalen Bewusstseins.

Mit Blick auf China zeigt Tu auf, wie stark der Niedergang als »zivilisatorischer Staat« auf die Intellektuellen gewirkt hat, nicht unähnlich »dem Holocaust für die Juden« (S. 15), und wie daraus eine Sorge um die Nation entstand, die letztlich dem Kommunismus den Boden bereitete. Ausführlich geht er auf die 1980er Jahre, die neuen intellektuellen Freiräume und die Hoffnungen auf politische Reformen ein. Er liest diese Jahre als die der Möglichkeit eines Zusammenkommens von wissenschaftlichem Rationalismus, liberaler Demokratie und konfuzianischem Humanismus.[12] In dieser Zeit entwickelte sich laut Tu zum ersten Mal nach dem frühen 20. Jahrhundert wieder ein »gemeinschaftliches kritisches Selbstbewusstsein« unter chinesischen Intellektuellen. An einer Stelle fordert er die Intellektuellen auf, aus diesem Selbstbewusstsein die »Selbstreflexivität einer Strategie zur Entwicklung von Zivilgesellschaft« zu bilden, nicht um ihrer selbst willen, sondern »als Ausübung instrumenteller Macht für die Schaffung einer neuen politischen Ordnung«.[13] Die Ereignisse am Platz des Himmlischen Friedens sind für Tu geradezu Ausdruck eines »gemeinschaftlichen kritischen Selbstbewusstseins«.[14]

Für Tu sind Kräfte freigelegt, die auch die Kommunistische Partei mittelfristig nicht mehr aufhalten kann. So sieht er eine zunehmende Einsicht unter chinesischen Intellektuellen, dass die chinesische Kultur »auf Jahrzehnte hinaus« es nicht schaffen werde, die Tibeter, Mongolen, Kasachen und Uiguren zu assimilieren, und dass die »kulturelle Reflexivität« Nationalismus und Han-Chauvinismus übersteigen werde und man die Tiefe und Feierlichkeit des ethnischen

Faktors in der chinesischen Innenpolitik und der internationalen Politik offen anerkennen werde, wie auch schon Einzelne die Unabhängigkeit Tibets unterstützten.[15] Und so fragt er (sich selber?) am Ende des *Daedalus*-Aufsatzes in einer Formulierung, die im Wang-Yangming-Vortrag Widerhall findet: »Kann die Würde, Unabhängigkeit und Autonomie der Person in einen Begriff des Selbst als Beziehungszentrum und als sich ausweitender Prozess der Selbstverwirklichung inkorporiert werden?«[16]

Die Positionalitäten, von denen Tu aus seine Gedanken zum Konfuzianismus formuliert, sind höchst unterschiedlich und schwierig zu navigieren. Dass das Politische nicht explizit, sondern nur über Umwege erkennbar wird und Tu eben doch letztlich ein nichtpolitischer Denker geblieben ist, erscheint so besehen vielleicht schon wieder schlüssig und nachvollziehbar.

Einige Nachgedanken[1]

Kai Marchal

Das Bedürfnis ist heute groß, eine als desaströs, ja dystopisch wahrgenommene Gegenwart zu verlassen – sei es durch die Flucht *nach vorne*, mittels der Beschleunigung ökonomischer und technologischer Vereinheitlichungstendenzen, oder aber durch einen »Tigersprung« in *ganz andere Sphären*: in die biomorphen Wunderkammern der Multimedia-Kunst, die Zaubergärten südamerikanischer Ureinwohner, die Langzeit geologischer Epochen … Am Buzzword des »Anthropozäns« kristallisieren sich so einige dieser Sehnsüchte aus, ebenso an Wörtern wie »fernöstlich«, »Ostasien« und »China«. Schließlich könnte es auf der anderen Seite des Erdballs, jenseits mitteleuropäischer, wohlstandsbürgerlich gedämpfter Sensibilitäten, ganz andere Welten geben, alternative Denkweisen und Lebensformen, die uns womöglich aus der Krisenhaftigkeit unseres Entwicklungsmodells in neue weltgesellschaftliche Räume führen. Wenn also Tu Weiming einen Humanismus im konfuzianischen Geist entwirft, sollten wir allen Grund haben, ihm erst einmal zuzuhören.

Im Nachtrag noch sieben thesenhaft zugespitzte Gedanken:

Humanismus. Bei diesem Wort werden einige Leserinnen und Leser wohl zuerst an tote weiße Männer denken: Jean-Paul Sartre, George Steiner oder Erich Auerbach (in Edward Saids Neulektüre). Bekanntlich war es insbesondere Michel Foucault, der mit seinem Entwurf einer genealogisch aufgesplitterten Geschichte – der Mensch verschwinde »wie am Meeresufer ein Gesicht im Sand« – den euroamerikanischen Intellektuellen ihren klassischen Humanismus ausgetrieben hat. Wenn nun Tu Weiming mit dem ihm eigenen Pathos von der »Selbstkultivierung« spricht, von der »transformative[n] Kraft des Lernens« (S. 16) und der Notwendigkeit, »die Größe in uns aufzurichten« (S. 24), dann ergibt sich eine interessante Frage: Wie umgehen mit einem Humanitätsideal, das so ganz anders klingt als der »schöne Mensch« Altgriechenlands, das von einem uns fremden kulturellen Substrat zehrt und historische Erfahrungen der Unterjochung und der Befreiung widerspiegelt, die Menschen in Europa oder Nordamerika so wohl nicht gemacht haben? Eine einfache Antwort kann es auf diese Frage nicht geben – nicht zuletzt deshalb, weil die chinesische Welt nie Bestandteil des atlantischen Raums gewesen ist, aus dem heraus in der Gegenwart die großen Fragen der Diversität, der Hautfarbe und des Universalismus, kurz: die Dialektik von »Herr und Neger« (Achille Mbembe) gedacht werden.

Essenz. Das Wort Humanismus lässt nur zu leicht an eine unveränderliche Menschennatur denken – und damit an das genaue Gegenteil des Nomadischen, des freien Flottierens jenseits der üblichen Kategorien und Geschlechtergrenzen, wie es für unsere Gegenwart typisch ist. Und doch wäre dies ein Missverständnis, denn so häufig Tu in seinem Vortrag auch von einer »Wesensnatur« des Menschen spricht, ein überhistorisches, transkulturelles Muster ist damit nicht gemeint. Vielmehr sind für den chinesisch-amerikanischen Philosophen »Menschen niemals nur statische Gebilde […], sondern stets dynamische und kreative Prozesse des Werdens« (S. 16). Im Hintergrund steht die buddhistisch-neokonfuzianische Idee der *Grundlosigkeit*, also der Abwesenheit eines absolut bestimmbaren Fundamentes.

Lernen und Üben. Wenn es in Tus Vortrag sehr oft um das »Lernen« und »Üben« geht, dann wohl auch deshalb, weil nur dank solcher Aktivitäten überhaupt ein Subjekt aus der Grundlosigkeit emergieren kann: »Menschsein lernen erfordert deshalb eine unablässige Anstrengung in der Selbstkultivierung.« (S. 44) Nichts ist hier starr oder determiniert, alles kann vom Menschen, der sich in seiner Freiheit wiedererkennt, verwandelt werden. Es braucht dazu nur Disziplin, kritische Selbstprüfung sowie eine tiefere Vertrautheit mit dem neokonfuzianischen Textuniversum, wie sie in der Wissenskultur Ostasiens bis zum Beginn des 20. Jahrhunderts als selbstverständlich vorausgesetzt werden konnte. Eine Grundüberzeugung Tus lautet, dass es uns nur durch das Lernen und Üben gelingt, unsere Egozentrizität abzuschwächen. In gewisser Weise wird der Leser von Tus Vortrag mit seiner recht spröden, oft deklarativen Sprache, in dem einige Formulierungen aus konfuzianischen Klassikern wie *Maß und Mitte* und den *Lehrgesprächen* gebetsmühlenartig wiederholt werden (siehe etwa das Kettenargument auf S. 38), wie von selbst zu einem Übenden. Wir verlassen die uns vertraute Welt, wenn wir in diesen Text eintauchen, wenn wir aus den schwarzen, auf weißem Papier gedruckten Lettern den andersartigen Rhythmus erspüren und jene dunkle Erfahrung umkreisen lernen, die das innerste Reservoir der konfuzianischen Rede ausmacht – und aus der endlich jene bewusstseinserweiternde Ekstase erwachsen soll, die dem Neokonfuzianer Cheng Hao (S. 40, 45) zugestoßen ist. Unser Menschsein wäre sodann vielleicht ein klein wenig anders.

Selbstbewusstsein. Tus Absicht ist es wohlgemerkt nicht, eine weitere *Theorie* zum Selbstbewusstsein vorzulegen, wie man sie bei Philosophen wie Dieter Henrich, Sebastian Rödl oder David Chalmers findet. Die Natur des Selbstbewusstseins wird nicht erklärt oder begrifflich genauer bestimmt, weil Tu einen intuitiven Zugang zu diesem Phänomen favorisiert; aus seiner Sicht kommt es darauf an, mithilfe der Meditation und anderer Formen des Aufmerksamkeitstrainings das Bewusstsein so zu entleeren, dass der »kosmische Fluss« (S. 36), »der dort fließende, unser Leben stetig bereichernde Strom« (S. 35) aufscheint. Das Selbstbewusstsein sei ein »transformativer Akt«, in dem der andere notwendigerweise eingelassen ist, heißt es einmal (S. 19). Entscheidend ist, »de[n] konkreten, im Hier und Jetzt lebenden Menschen« in den Blick zu nehmen, dessen eigentliches Zentrum das *xin* 心 (Herz, Geist) darstelle und auf den deshalb die Unterscheidung von Geist und Körper nicht anwendbar sei (S. 11). Mit solchen Formulierungen wendet Tu sich gegen ein seiner Meinung nach für das westliche Denken charakteristisches, rationalistisches Verständnis von personaler Identität, das Geist und Körper als zwei fundamental verschiedene Realitäten betrachtet bzw. dem Leben keinen eigenständigen Status zwischen Materie und Geist mehr einräumt. Stattdessen fordert er uns auf, im Sinne des chinesischen Denkens unserer eigenen Erfahrung wieder zu vertrauen und jene »lebendige Konkretheit« (S. 13) wertzuschätzen, die »ganzheitlich« strukturiert sei und von den modernen, materialistisch ausgerichteten Naturwissenschaften ignoriert werde.[2] Dagegen führt Hans van Ess an, dass es auch im traditionellen China »eine Reihe scharfer Dichotomien« gegeben habe und die Idee der »Ganzheitlichkeit« wohl eine moderne Erfindung darstelle (S. 107 f.). Hier wird sicher weiter zu diskutieren sein. Außer Frage steht, dass in der chinesischen Philosophie sehr unterschiedliche Zustände von Bewusstheit und leiblichem Spüren differenziert beschrieben werden konnten, dass im Zuge des Buddhismus die Phänomene Bewusstsein und Körperlichkeit jedoch in der Tat oft im Zeichen der Nondualität gedeutet worden sind.[3]

All-Einheit. In Tus Vortrag ist wiederholt die Rede von der Vorstellung, eine »Einheit mit Himmel, Erde und allen Dingen zu bilden« (S. 31, 44 f., 52 f., usw.). Man fühlt sich hier leicht an die alteuropäische Geistmetaphysik (Plotin, Hegel) erinnert. Doch dürfte es hilfreicher sein, erst einmal die hinter solchen Formulierungen liegende *Erfahrung* besser zu verstehen. Der Schweizer Phänomenologe Iso Kern beschreibt die in der Meditation erfahrbare, neokonfuzianische Form der Einheit wie folgt:

> »Dieses ›Eine‹ steht wohl im Gegensatz sowohl zu einer synchronen Vielheit, das heißt zu einer gleichzeitigen in sich unterschiedenen Mannigfaltigkeit von intentionalen Gegenständen oder intentionalen gegenständlichen Momenten, als auch zu einer diachronen Vielheit, das heißt zu einer sukzessiven gegenständlichen Veränderung. Wer die meditative Versenkung geübt hat, weiß, dass es ein solches Eines gibt und dass es nicht mit einem der fünf äußeren Sinne wahrgenommen, nicht erinnert und auch nicht sprachlich-begrifflich gedacht wird.«[4]

Unser Wunsch nach rationaler Durchdringung scheint hier auf ein unüberwindliches Hindernis zu stoßen. Doch mindert dies keineswegs die Attraktivität vieler ostasiatischer Übungsformen. Ihr Ziel besteht ja gerade darin, die im Alltag oft als überwältigend erfahrene Enge des eigenen Körpers (und Denkens) zu überwinden mittels einer nichtentfremdeten Erfahrung der Welt. Dass aus solchen Praktiken durchaus Geltungsansprüche ableitbar sind, die auch in den Raum eines diskursiv verfassten Philosophierens eingebracht werden können, demonstriert Herta Nagl-Docekals Engführung Tu'scher Überlegungen mit der Kantischen Moralphilosophie. Wie wäre von hier aus weiter zu denken?

Exil. Wer Tu ernst nehmen möchte, sollte sich vor einfachen Gegensätzen nach dem Muster »wir Deutschen« und »die Chinesen« hüten. Dafür ist seine Biografie zu kosmopolitisch angelegt, zu sehr durchschossen von transnationaler Differenz; bereits der Umstand, dass wir heute in deutscher Sprache Gedankengänge nachvollziehen können, die ein globaler Intellektueller in englischer Sprache und im Dialog mit sehr alten chinesischen Texten formuliert hat, dürfte Ausdruck eines tiefgreifenden Wandels in der internationalen Wissensordnung sein.[5] In der englischen Fassung seines Vortrages klingt der Philosoph oft sehr weltläufig: *the first order of business, connectivity, race …* Man kann sich nun durchaus die Frage stellen, ob sein Insistieren auf organischer Ganzheit und einer »Kontinuität des Seins« (S. 26, 27 f., 29, 39, usw.) nicht mehr dem amerikanischen Pragmatismus verdankt, als er sich eingestehen möchte.[6] Zweifellos hat Tus Exil in Amerika seine Biografie zutiefst geprägt; wie Dante, wie Auerbach ist er als junger Mann in Harvard, Princeton, Berkeley und anderswo über viele »fremde Treppen« gegangen.[7] Ja, dieses amerikanische Exil hat eigentlich erst die Bedingungen geschaffen, die die Hybridisierung und Fortentwicklung des Konfuzianismus im 21. Jahrhundert ermöglichten.[8] Und so entbehrt es nicht einer gewissen Ironie, dass Tu Weiming, der erst nach seiner Emeritierung im Jahr 2010 seinen Lebensmittelpunkt in die Volksrepublik China verlegt hat, während der Covid-19-Pandemie diese wieder verlassen hat und in die Vereinigten Staaten zurückgekehrt ist. Konfuzius – der Gelehrte als Vorbild – verließ jene Staaten, deren Fürsten seine Mahnrede in den Wind schlugen; die Lehrer Tu Weimings sind nach der kommunistischen Revolution im Jahr 1949 ins Exil nach Hong Kong oder Taiwan gegangen. Wie viel normative Kraft kann ein konfuzianischer Humanismus im Zeitalter von Zensur, Polizeigewalt, marxistisch-leninistischer Indoktrination und Ethnonationalismus überhaupt noch entfalten?![9]

Ein gemeinsames Wir. Wie ein überzeugender Humanismus für die Weltgesellschaft aussehen könnte, lässt sich nach der Lektüre von Tus Vortrag wohl nur erahnen. Für die Konfuzianer soll das Üben ein neues Gemeinwesen, ein gemeinsames Wir, stiften; uralte Lebensreserven, die in der Moderne vernachlässigt worden sind, sollen reaktiviert werden in einem weltumspannenden Projekt ökologischer Erneuerung. In so manchen Ohren mag Tus Optimismus allzu schwärmerisch klingen; und es bleibt durchaus unklar, ob seine Vision in einer säkularen, liberalen Gesellschaft auf größere Zustimmung treffen kann.[10] Und doch, Tu entwirft eine mögliche Antwort auf die große Frage nach dem Menschsein. Wenn es zutrifft, dass wir nicht in radikaler Freiheit wählen können, wer wir sein wollen (wie noch Sartre angenommen hat), sondern Geschichte, Kultur, Sprache und Geschlecht uns eine Identität aufzwingen, dann gilt auch: Je stärker wir der historischen Kontingenz unseres Entwicklungspfades gewahr werden, desto dringlicher ist die Notwendigkeit, unsere Werte – die Grundlage unseres Menschseins – neu zu artikulieren in der Auseinandersetzung mit anderen (nichtweißen, nichtwestlichen) Menschen, jenseits nackter ökonomischer Interessen. Und dann können wir vielleicht in naher Zukunft nicht nur *über* die anderen etwas lernen, sondern *von* ihnen.

Danksagung

An dieser Stelle sei schließlich allen an diesem Projekt Beteiligten herzlich gedankt, insbesondere Jonathan Keir, auf den nicht nur die Idee für dieses Buch zurückgeht, sondern der auch unermüdlich die Kommunikationswege zwischen Beijing, Berkeley, Tübingen, Berlin und Taipeh offengehalten hat. Darüber hinaus danke ich Andreas Rötzer und Loan Nguyen für ihre großzügige Unterstützung dieses Projekts sowie Tim Trzaskalik, der das Manuskript gründlich lektoriert und einige grobe Fehler beseitigt hat.

Anmerkungen

Zur Einführung

1 Familiennamen werden im Chinesischen dem Vornamen vorangestellt: »Tu« ist der Familienname, »Weiming« der Vorname. Die gängige, moderne Umschrift für den chinesischen Namen 杜維明 wäre Du Weiming, doch übernehme ich hier die Schreibweise, unter der Tu seine Bücher publiziert hat.

»Geistiger Humanismus: Selbst, Gemeinschaft, Erde und Himmel«

1 Für ihre Kommentare und Vorschläge bin ich Dr. John Ewell und Dr. Wang Jianbao zu Dank verpflichtet.

2 Der Konfuzianismus steht weder für Individualismus noch für Kollektivismus, sondern für eine Position des Personalismus, so in Wm. Theodore De Bary, »Individualism and Personhood«, in: Ders., *Asian Value and Human Rights: A Confucian Communitarian Perspective.* Cambridge 1998, S. 25.

3 Tu Weiming, »Mengzi shi de zijue«, in: *Tu Weiming wenji*, Wuhan 2002, S. 28–56.

4 [A. d. Ü.:] Siehe insbesondere *Menzius* 4B:19.

5 [A. d. Ü.:] Siehe *Menzius* 2A:6.

6 Ni, Peimin, *Understanding of the Analects of Confucius: A New Translation of Lunyu with Annotations.* New York 2017, S. 338 f.: »Among contemporary Confucian scholars, TU Weiming champions advocating the importance of

›learning for oneself,‹ saying that it embodies the Confucian view about the establishment of moral subjectivity, or simply put: to become human (cf. 1.15). To become human is dependent on oneself (12.1). Cf. TU 1985, 51–65.) Cf. also 1.16, 4.14, 8.7, 14.42, 15.5, 15.21.« – [A. d. Ü.:] »Um des Selbst willen lernen« geht zurück auf *Lunyu* 14.25 (Legge, *Confucian Analects*, Bd. 1, S. 285).

7 Tu Weiming, Cong tizhi kan ren de zunyan (tigang), *Guoji ruxue yanjiu*, Nr. 6 (Februar 1998).

8 James Legge, *The Works of Mencius*, in: *The Chinese Classics*, Bd. 2, S. 417–418 (Menzius 6A:15).

9 [A. d. Ü.:] Diese Passage ist zu finden in James Legge, *The Works of Mencius*, in: *The Chinese Classics*, Bd. 2, S. 202 (Menzius 2A:6).

10 Tu Weiming, *Tizhi ruxue*. Hangzhou 2012.

11 [A. d. Ü.:] Etwa in *Lunyu* 3.7 und 9.2.

12 Wing-tsit Chan, *A Source Book in Chinese Philosophy*. New Jersey 1963, S. 79; James Legge, *The Works of Mencius*, in: *The Chinese Classics*, Bd. 2, S. 450 f. (*Menzius* 7A:4).

13 Lu Jiuyuan, »Aufzeichnungen des Zhan Fumin [Großjährigkeitsname] Nanzi«, in: *Lu Jiuyuan ji*. Beijing 2008, S. 471.

14 James Legge, *The Works of Mencius*, in: *The Chinese Classics*, Bd. 2, S. 418 (*Menzius* 6A:15).

15 Wing-tsit Chan, *A Source Book in Chinese Philosophy*, S. 582: »Kürzlich hat jemand über mich geäußert, dass ich außer dem Ausspruch [von Menzius], ›Baue zuerst den edleren Teil deiner Natur auf‹, nichts Gescheites von mir zu geben hätte. Als ich das hörte, habe ich gesagt: ›In der Tat, sehr zutreffend‹.(34:5a).«

16 Lu Jiuyuan, »Aufzeichnungen des Zhan Fumin [Großjährigkeitsname] Nanzi«, in: *Lu Jiuyuan ji*. Beijing 2008, S. 471.

17 Tu Weiming, »Cunyou de lianxuxing«, in: *Tu Weiming wenji*. Wuhan 2002, S. 4–6.

18 Eric L. Hutton, *Xunzi. The Complete Text*. Princeton 2014, S. 76 (*Xunzi* 9).

19 Herbert Fingarette, *Confucius: The Secular as the Sacred*. New York 1972.

20 [A. d. Ü.:] Wing-tsit Chan, *A Source Book in Chinese*

Philosophy, S. 79. – James Legge, *The Works of Mencius*, in: *The Chinese Classics*, Bd. 2, S. 450–451 (*Menzius* 7A:4).

21 Ebd., S. 524: »Sein Bruder [Cheng Yi] erklärte außerdem: ›Der menschliche [ren] Mensch betrachtet Himmel und Erde und alle Dinge als eine Einheit.‹ Diese Lehre wird später von Wang Yangming vollständig ausgearbeitet.« [A. d. Ü.:] Cheng Yi ist der Bruder des oben erwähnten Cheng Hao.

22 [A. d. Ü.:] James Legge, *The Great Learning*, in: *The Chinese Classics*, Bd. 1, S. 359 (*Daxue*).

23 Ni Peimin, *Understanding of the Analects of Confucius*, S. 219: »Master Zeng said, ›Educated persons (shi 士) cannot do without being broad-minded and resolute. Their responsibility is heavy and their journey (*dao* 道) is long. Human-heartedness is their responsibility—is it not heavy? Only with death does their journey end—is it not long?‹« (*Lunyu* 8.7).

24 Ni, *Understanding of the Analects of Confucius*, S. 281, 364 (*Lunyu* 12.2 und 15.23).

25 Ebd., S. 187 (*Lunyu* 6.28).

26 Thomas Berry und Brian Swimme, *The Universe Story: From the Primordial Flaring Forth to The Ecozoic Era – A Celebration of the Unfolding of the Cosmos*. New York 1992.

27 Hutton, Eric L., *Xunzi. The Complete Text*, S. 87: »Heaven and Earth produce them, but the sage completes them.« (*Xunzi* 10).

28 James Legge, *The Works of Mencius*, in: *The Chinese Classics*, Bd. 2, S. 199 und 299 (*Menzius* 2A:4 und 4A:8).

29 Wing-tsit Chan, *A Source Book in Chinese Philosophy*, S. 497.

30 Legge, *The Works of Mencius*, in: *The Chinese Classics*, Bd. 2, S. 448 (*Menzius* 7A:1).

31 Legge, *The Works of Mencius*, in: *The Chinese Classics*, Bd. 2, S. 451 (*Menzius* 7A:4).

32 Wing-tsit Chan, *A Source Book in Chinese Philosophy*, S. 107–108. – Vgl. Legge, *The Doctrine of the Mean*, in: The *Chinese Classics*, Bd. 1, S. 415–416 (*Zhongyong* 22).

33 Ni Peimin, *Understanding of the Analects of Confucius*, S. 366–367 (*Lunyu* 15.28).

34 Wing-tsit Chan, *A Source Book in Chinese Philosophy*, S. 520.

35 Ebd., S. 99 (*Zhongyong* 1).

36 Chan, *A Source Book in Chinese Philosophy*, S. 78. – Legge, *The Works of Mencius*, in: *The Chinese Classics*, Bd. 2, S. 448 (*Menzius* 7A:1) [A. d. Ü.].

37 Chan, *A Source Book in Chinese Philosophy*, S. 80 (*Menzius* 7A:38).

38 Legge, *The Works of Mencius*, in: *The Chinese Classics*, Bd. 2, S. 456 (*Menzius* 7A:15).

39 Chan, *Instructions for Practical Living and Other Neo-Confucian Writings by Wang Yangming*. New York 1963, S. 239–241.

40 Ni Peimin, *Understanding of the Analects of Confucius*, S. 211–212: »The Master said, ›As for sageliness and human-heartedness, how dare I claim myself to have obtained them? Only being insatiable in working on it and being tireless in offering instruction to others—that much can be said of me.‹ Gongxi Hua [Zihua] said, ›This is exactly what we disciples are unable to learn.‹« (*Lunyu* 7.33).

41 Chan, *A Source Book in Chinese Philosophy*, S. 65–66 (*Menzius* 2A:6 und 6A:6).

42 Peter Boodberg, »The Semasiology of some Primary Confucian Concepts«, *Philosophy East and West* 2 (Januar 1953), S. 317–332.

43 Hutton, *Xunzi. The Complete Text*, S. 329–330 (*Xunzi* 29).

44 Chan, *Instructions for Practical Living and Other Neo-Confucian Writings by Wang Yangming*, S. 56–57.

45 Ni Peimin, *Understanding of the Analects of Confucius*, S. 289: »The role of a father requires the person to love and take good care of his children, to nurture them and educate them. Reciprocally, the children must treat the father with due respect and filial piety (*xiao*). Most translators only catch one of the two meanings and hence the reciprocity is lost in their translation.« (zu *Lunyu* 12.11).

46 Henry Rosemont Jr. and Roger Ames, *The Chinese Classic of Family Reverence: A Philosophical Translation of Xiaojing*. Honolulu 2009, S. 113–114 (*Xiaojing* 15).

47 Ni Peimin, *Understanding of the Analects of Confucius*, S. 281 und 364 (*Lunyu* 12.2 und 15.23).

48 Chan, *A Source Book in Chinese Philosophy*, S. 79 (*Menzius* 7A:4).

49 Ebd., S. 544. »Cheng Yi: ›Das Prinzip ist eins, aber seine Erscheinungsformen sind vielfältig.‹« [*liyi fenshu* 理一分殊].

50 Ni, *Understanding of the Analects of Confucius: A New Translation of Lunyu with Annotations*, S. 242–243: »During the Cultural Revolution in China (1966–1976), Liang Shuming (1893–1988), known as ›China's last Confucian‹ because he defended Confucianism in the wake of the New Culture Movement in the early twentieth century, was criticized for refusing to attack Confucianism, and he openly responded with this quote from 9.26! This spirit is also well captured in Mencius' famous saying, ›Those who cannot be led into excesses when wealthy and honored, or deflected from their purpose when poor and obscure, or be made to bow before superior force—this is what I would call great persons (*Mencius*, 3B:2).‹«

51 Ronald Dworkin, *Religion ohne Gott*, übers. von Eva Engels, Berlin 2014.

52 Ronald E. Osborn, »Ronald Dworkin's Onto-Theology«, in *Harvard Divinity Bulletin* 43.1 und 43.2 (Winter/Frühling 2015).

53 David N. Spergel, »Cosmology Today«, in *Daedalus* 143 (Oktober 2014), S. 125–133.

54 Basierend auf Rudolf Ottos Gedanken des »Mysteriums« in seinem Begriff des »Numinosen«. Siehe Rudolf Otto, *The Idea of the Holy* [Das Heilige], übersetzt von John W. Harvey, Oxford 1950 [2. Aufl.; Originalausgabe 1923].

Ein Wanderer zwischen den Welten

1 Siehe Charlotte Furth, Hg., *The Limits of Change. Essays on Conservative Alternatives in Republican China*. Cambridge, Mass. 1976. Die Spannung zwischen Restaurationsbestrebungen seit dem Ausgang der Mandschu-Herrschaft und den Radikalisierungstendenzen am Vorabend der 4.-Mai-Bewegung werden veranschaulicht in Mary Clabaugh Wright, *The Last Stand of Chinese Con-*

servatism. The T'ung-Chih Restoration, 1862–1874. Stanford 1957, und Michael Gasster, *Chinese Intellectuals and the Revolution of 1911. The Birth of Modern Chinese Radicalism*. Seattle 1969.

2 Zu He Lin siehe Martin Müller, *He Lin (1902–1992). Neukonfuzianer, Idealist und Kulturphilosoph im China des 20. Jahrhunderts. Eine intellektuelle Biographie*. Wiesbaden 2015.

3 Hierzu Jürgen Osterhammel, »Die erste chinesische Kulturrevolution. Intellektuelle in der Neuorientierung (1915–1924)«, in: ders., *Asien in der Neuzeit 1500–1950*. Frankfurt am Main 1994, S. 125–142.

4 Christoph Harbsmeier, *Konfuzius und der Räuber Zhi. Neue Bildergeschichten und alte Anekdoten aus China*. Frankfurt am Main 1978, S. 14. – Von den zahllosen Publikationen zur Konfuzius-Debatte seien hier aus dem deutschsprachigen Raum nur zwei weitere angeführt: Joachim Schickel, *Konfuzius. Materialien zu einer Jahrhundert-Debatte*. Frankfurt am Main 1976. – Robert P. Kramers, *Konfuzius. Chinas entthronter Heiliger?* Bern 1979, berichtet von seinen im Februar 1974 während des Höhepunktes der Kritik an Lin Biao und Konfuzius »mit Spezialisten der alten chinesischen Kulturgeschichte« geführten Gesprächen.

5 Fung Yu-lan, *A History of Chinese Philosophy*. 2 Bände. Chinesische Originalausgabe 1931 und 1934. Übersetzt von Derk Bodde: Band 1 (Peking 1937), Band 2 (Peking 1953). Hier spielte der Verleger Henri Vetch (1898–1978) eine maßgebliche Rolle. Zu Henri Vetch siehe Helwig Schmidt-Glintzer, »Die Neuvermessung einer alten Kultur. *Monumenta Serica* und die wissenschaftliche Beschäftigung mit China und seinen Nachbarn«, in: *Rooted in Hope. China – Religion – Christianity. Festschrift für Roman Malek S. V. D.* Sankt Augustin 2017, 2 Bde., S. 845–859; hier S. 852–853. – Einflussreicher wurde die von Derk Bodde übersetzte Kurzfassung *Zhongguo zhexue xiaoshi* 中國哲學小史, *A Short History of Chinese Philosophy*. New York 1948.

6 Siehe Christoph Harbsmeier, op. cit., S. 164 Anm. 2.

7 Ebd., S. 16.

8 Die letzte 24. Konferenz in dieser Reihe fand 1972 in Leiden am Konferenzort Noordwijkerhout statt. Erst 1976 wurde die Reihe als 1st EACS Conference in Paris fortgesetzt unter dem Thema »Popular and Official Traditions in China«. Die Nachricht vom Tode Mao Zedongs am Morgen des 9. September führte zu einer Programmänderung und der Anberaumung einer Podiumsdiskussion mit Stuart Schram.

9 Folge dieses Austauschs war, dass Angus C. Graham in der Bibliografie zu seinem Buch *Later Mohist Logic, Ethics and Science* (Hongkong 1978) auf S. 531 an erster Stelle anführt: »Altchinesische Logiker. Bibliographie. Seminar für Ostasiatische Kultur- und Sprachwissenschaft der Universität München (No date: latest entry 1968)«.

10 Richard W. Wilson, *Learning to Be Chinese. The Political Socialization of Children in Taiwan*. Cambridge, Mass. 1970. Die Academia Sinica in Taipeh organisierte im Jahr 1972 ein Symposium »The Character of the Chinese« (中國人的性格).

11 Die von Shmuel Eisenstadt eingeführte Rede von den »multiple modernities« entwickelte dieser ausgehend von seinen frühen Untersuchungen zu sozialem Wandel nach seinem ersten Hauptwerk *The political system of empires* (1963), dann in seinem Spätwerk *Comparative civilizations and multiple modernities* (2003).

12 Siehe Wolfgang Schluchter, Hg., *Max Webers Studie über Konfuzianismus und Taoismus. Interpretation und Kritik*. Frankfurt am Main 1983. Der Beitrag Tu Weimings ist überschrieben: »Die neokonfuzianische Ontologie«.

13 Lionel M. Jensen, *Manufacturing Confucianism. Chinese Traditions and Universal Civilization*. Durham und London 1997. S. 15: »Tu Wei-ming is the principal spokesman for this creative reinvention of Confucianism as a form of religion.« – Eine 1976 verfasste Studie hierzu liegt in überarbeiteter Fassung vor als: Tu Wei-ming, *Centrality and Commonality. An Essay on Confucian Religiousness*. Albany 1989. – Zusammenfassend zur neukonfuzianischen Entwicklung im 20. Jahrhundert siehe Ming-huei Lee, *Konfuzianischer Humanismus. Transkulturelle Kontexte*. Bielefeld 2013, S. 9–19.

14 Tu Wei-ming, »Hsung Shih-li's Quest for Authentic Existence«, in: Charlotte Furth, Hg., *The Limits of Change. Essays on Conservative Alternatives in Republican China.* Cambridge, Mass. 1976, S. 242–275, hier S. 246. Xiong Shilis Verständnis von *ren* 仁 (»Menschlichkeit«) formuliert er folgendermaßen: »A profound awareness of the human condition is necessary both for the production of a compelling understanding of historical specificity and for the creation of a new order of social community.« Der Begriff der »Gemeinschaftsbildung«, könnte man hinzufügen, wie sie Max Weber in seinem Hauptwerk *Wirtschaft und Gesellschaft* thematisiert hat, ist hier fundamental.

15 Hannah Arendt, »Gedanken zu Lessing. Von der Menschlichkeit in finsteren Zeiten«, in: dies., *Menschen in finsteren Zeiten.* München 2001, S. 35.

16 Hans van Ess, *Der Konfuzianismus.* München 2003, S. 118.

17 Hannah Arendt, op.cit., S. 41 und S. 40.

Differenz und Dynamik: Ausblick auf ein konfuzianisches Weltbürgertum

1 Mou Zongsan, *Xinti yu xingti*, Bd. 1, Taipeh 1981, S. 447, 467.

2 Tang Junyi, *Zhongguo wenhua zhi jingshen jiazhi*, Taipeh 1979, S. 87, 89, 107. [A. d. Ü.:] Für eine Einführung in das Denken dieser beiden Philosophen siehe Sébastien Billioud, *Thinking Through Confucian Modernity. A Study of Mou Zongsan's Moral Metaphysics.* Leiden 2011, sowie Thomas Fröhlich, *Tang Junyi. Confucian Philosophy and the Challenge of Modernity.* Leiden 2017 (open access: https://brill.com/view/title/33576).

3 [A. d. Ü.:] Vgl. *Lehrgespräche des Konfuzius* 15.29.

4 Henri Bergson, *Essai sur les données immédiates de la conscience.* Paris 2007, S. 5, 75.

5 [A. d. Ü.:] Der Gedanke des *qi yun* wird gewöhnlich dem Xie He 謝赫 (6. Jh. n. Chr.) zugeschrieben, vgl. Mathias Obert, *Welt als Bild. Die theoretische Grundlegung der*

chinesischen Berg-Wasser-Malerei zwischen dem 5. und dem 12. Jahrhundert. Freiburg/München 2007, S. 183 ff.

6 Immanuel Kant, »Zum ewigen Frieden«, in: *Kants Werke.* Akademie Textausgabe, Bd. VIII, Berlin 1968, S. 357.

7 Ebd., S. 358.

Zwischen Nähe und Differenz: Eine parallele Lektüre von Tu Weimings »geistigem Humanismus« und Kants Tugendlehre

1 Tu Weiming, *The Global Significance of Concrete Humanity. Essays on the Confucian Discourse in Cultural China.* New Delhi 2010, S. xv. Im Folgenden zitiert als Tu 2010.

2 Die deutschen Übersetzungen der englischsprachigen Zitate Tus stammen von der Autorin.

3 Jürgen Habermas, »Vorpolitische Grundlagen des demokratischen Rechtsstaates?«, in: ders. und Josef Ratzinger, *Dialektik der Säkularisierung. Über Vernunft und Religion.* Freiburg/Basel/Wien 2005, S. 15–37; hier S. 26.

4 In seiner (posthum so betitelten) Schrift *Monadologie* nimmt Leibniz klar gegen Ansprüche Stellung, den Menschen mit rein empirischen Methoden angemessen erfassen zu können. Dabei rückt er die menschliche Individualität in ihrer Verknüpfung mit der »Ordnung des Universums« sowie dem »Reich der Gnade« in das Zentrum der Aufmerksamkeit (ders., *Monadologie/ Lehrsätze der Philosophie. Letzte Wahrheiten über Gott, die Welt, die Natur der Seele, den Menschen und die Dinge.* Übers. und hg. v. Joachim Christian Horn, Darmstadt 2009). Eine spezifische Studie zu Berührungspunkten zwischen Tu Weimings »geistigem Humanismus« und Leibniz könnte spannende Ergebnisse erbringen.

5 Der vielzitierte Aufsatz von Seyla Benhabib ist paradigmatisch für diese Art der Distanznahme von Kant, siehe dies., »The Generalized and the Concrete Other.« In: Seyla Benhabib/ Drucilla Cornell (Hgg.), *Feminism as Critique.* Minneapolis, MN 1987, S. 77–95.

6 Immanuel Kant, *Die Metaphysik der Sitten*, in: ders., *Werke in sechs Bänden*, hg. v. Wilhelm Weischedel. Darm-

stadt 1963, Bd. 4, S. 889–894, hier S. 541. Im Folgenden zitiert als MS.

7 Tu Weiming plädiert dafür, die »negativ formulierte Goldene Regel« durch die »aktive Weisung, andere so zu behandeln, wie man von ihnen behandelt werden möchte« (S. 31) zu überhöhen.

8 Kant, *Grundlegung zur Metaphysik der Sitten*, in: *Werke in sechs Bänden*, Bd. 4, S. 11–102; hier S. 62. Im Folgenden: GM.

9 Es versteht sich von selbst, dass im vorliegenden Essay nur einige wenige Elemente der komplexen systematischen Darlegung Kants aufgegriffen werden können.

10 Kant, Über Pädagogik, in: Kant, *Werke in sechs Bänden*, Bd. 6, S. 693–761.

11 Für eine nähere Erläuterung siehe Herta Nagl-Docekal, »Learning to Listen or Why Morality Calls for Liberal Politics«, in: Guttorm Fløistad, Hg., *Ethics or Moral Philosophy.* Dordrecht 2014, S. 109–130.

12 »Ich kann niemand nach meinen Begriffen von Glückseligkeit wohltun […], sondern nach jenes seinen Begriffen, dem ich eine Wohltat zu erweisen denke.« (MS 591).

13 Kant, *Vorlesung zur Moralphilosophie.* Hg. v. Werner Stark. Berlin 2004, S. 125.

14 Kant, *Die Religion innerhalb der Grenzen der bloßen Vernunft*, in: *Werke in sechs Bänden*, Bd. 4, S. 649–879; hier S. 684. Dass auch die letzte Sinnfrage des Lebens den ganzen Menschen, auch in seiner Leiblichkeit, betrifft, zeigt Kant unter anderem durch Hinweis auf die Bedeutung, die im Christentum der Menschwerdung Gottes zukommt. Jesus kann demnach nur so gedacht werden, dass er »mit ebendenselben Bedürfnissen, […] denselben Leiden, mit ebendenselben Naturneigungen […] wie wir behaftet« ist. (ebd., S. 717). Im Folgenden RG.

15 Zur heutigen Debatte zum Begriff Gemeinschaft siehe Nagl-Docekal, »Vers une communauté mondiale non exclusive.« *Diogène. Revue internationale des sciences humaines.* Paris 2018, S. 153–168.

16 Tu, »Spiritual Humanism: An Emerging Global Discourse«, in: *Proceedings of the International Symposium*

Philosophies in Dialogue. Bridging the Great Philosophical Divides, hg. von Suwanna Satha-Anand. Bangkok 2016, S. 3–7; hier S. 3.

Zum Gegensatz von Konfuzianismus als geistiger Tradition und sozialer Praxis

1 Tu bezieht sich auf die Schreibweise des Schriftzeichens *ren* 仁 (oft übersetzt als »Menschlichkeit«) in den 1993 gefundenen Texten aus dem Ort Guodian in der chinesischen Provinz Hubei (S. 48). Jedoch ist das Zeichen für den »Leib« oder die »Person«, das dort zusammen mit dem »Herzen« auftaucht, wohl nur ein phonetischer Bestandteil und hat vermutlich nichts mit der Bedeutung dieses Zeichens zu tun. Zudem hat sich diese Zeichenkombination interessanterweise nicht durchsetzen können. Wenn wir, was unter Philologen höchst umstritten ist, die Deutung eines Zeichens aus seinen einzelnen Bestandteilen versuchen, dann sollten wir uns für eine Deutung des chinesischen Konfuzianismus der letzten zweitausend Jahre besser auf das in dieser Zeit verwendete Zeichen konzentrieren: und dieses setzt sich aus »Mensch« und »zwei« zusammen.

2 Vielleicht immer noch die beste Einführung zum Thema des antikonfuzianischen Ikonoklasmus in China ist Joseph Levenson, *Confucian China and its Modern Fate: The Problem of Intellectual Continuity*, Berkeley 1958.

3 Große Teile der sinologischen Sekundärliteratur sehen in der späteren Kaiserzeit seit der Ming-Dynastie zumindest Ansätze zu einer absolutistischen Herrschaft. Diese soll durch die letzte Dynastie der mandschurischen Qing in autokratischer Form fortgeführt worden sein. Siehe zum Beispiel die populäre Darstellung von Jacques Gernet, *Die chinesische Welt*, Frankfurt am Main 1979.

4 Siehe dazu *Menzius* 3A:4, in der klassischen Übersetzung von James Legge, *The Chinese Classics* II, Hongkong und Oxford 1861/1894, S. 251 f.

5 Am einfachsten zugänglich ist die Version des Textes im Internet im »Chinese Text Project« mit der Übersetzung James Legges unter Nr.18 in https://ctext.org/liji/li-yun.

6 Besonders eindrücklich macht dies das *Shuoyuan* des Liu Xiang (79–8 v. Chr.) klar, dessen zwanzig erhaltene Kapitel fast ausschließlich aus Ermahnungsreden bestehen. Zu einer deutschen Übersetzung der ersten dreizehn Kapitel siehe Hans Stumpfeldt, *Ein Garten der Sprüche. Das Shuo-yüan des Liu Hsiang (79–8 v. Chr.), Teil I und II.* Gossenberg 2010 und 2011.

7 Liji, Kapitel »Jiaotesheng«, Chinese Text Project, https://ctext.org/liji/jiao-te-sheng?searchu=從父&searchmode=showall#result, Absatz 35.

8 Carl Schmitt, *Theorie des Partisanen. Zwischenbemerkung zum Begriff des Politischen*, 3. Ausgabe der Ausgabe von 1963. Berlin 1991, S. 41.

9 Siehe *Menzius* 3A:4.

Tu Weimings »geistiger Humanismus«: Mehr Cervantes als Descartes

1 Zur Möglichkeit und Bedeutung des Vergleichs vgl. insbesondere Haun Saussy, *Are We Comparing Yet? On Standards, Justice, and Incomparability.* Bielefeld 2019.

2 Vgl. Tu Weiming, »Beyond the Enlightenment Mentality«, in: ders., *The Global Significance of Concrete Humanity: Essays on the Confucian Discourse in Cultural China*. New Delhi 2010.

3 Milan Kundera, *Die Kunst des Romans*. Übers. von Uli Aumüller. Frankfurt am Main, 2014 [1987].

4 Vgl. etwa Yang Xiao, »When Political Philosophy Meets Moral Psychology: Expressivism in the Mencius«, *Dao: A Journal of Comparative Philosophy*, Vol. 5:2 (Juni 2006), S. 257–271.

5 Ein Beispiel ist Tus Dankbarbeit gegenüber dem Christentum: »Without Christian stimuli, I would never have fully grasped the importance of Confucian culture; I would have kept regarding Confucianism as a mere social code.« (Tu Weiming, »Dialogical Civilisation and Qiutongcunyi in a New Axial Age«, in: *Ershiyi Shiji de Ruxue*. Beijing 2014, S. 258.

6 Adonis, *Zaman al-Shi'r*. Beirut 2005 [1971].

7 Andrew H. Plaks, »The Novel in Premodern China«, in: Franco Moretti, Hg., *The Novel*. Princeton 2006, Bd. 1, S. 207.

8 Vgl. Avram Alpert, *Global Origins of the Modern Self, from Montaigne to Suzuki*. Albany 2019.

Tu Weiming und das politische Denken eines nichtpolitischen Denkers

1 Die Si-Meng-Schule soll eine eigenständige Lehrmeinung innerhalb der konfuzianischen Strömung während der Zeit der streitenden Reiche bezeichnen, die auf die Philosophen Zisi (ca. 483–402 v. Chr.), einen Enkel von Konfuzius, und Menzius zurückgehe. Eine zentrale These dieser Schule soll die Gutartigkeit der menschlichen Natur gewesen sein. Vgl. Guo Qiyong, »Excavated Texts and Scholarship on Classics and Masters Literature«, übers. von Robert Carleo III, in: Guo Qiyong, *Studies on Contemporary Chinese Philosophy*. Leiden 2018, S. 573–575.

2 Ralph Weber, *Confucianism in a Pluralistic World: The Political Philosophy of Tu Wei-ming*, Dissertation: Universität St. Gallen, 2007.

3 Wilfred Cantwell Smith, *Faith and Belief: The Difference between Them*. Oxford 1998, S. 136–137. Vgl. Weber, *Confucianism in a Pluralistic World*, S. 109, Fn. 282.

4 Tu Weiming, *Confucian Ethics Today: The Singapore Challenge*. Singapur 1984, S. 141.

5 Siehe Ralph Weber, »Representing Tradition: An Analysis of Tu Weiming's Confucianism«, *International Communication of Chinese Culture*, Vol. 3, Nr. 2 (2016), S. 229–260.

6 Siehe Ralph Weber, »Tu Weiming: The Global Confucian«, in: David Elstein, Hg., *Dao Companion to Contemporary Confucian Philosophy*. Dordrecht 2020, S. 345–366.

7 Tu Weiming, »Toward a Third Epoch of Confucian Humanism: A Background Understanding«, in: *Confucianism: The Dynamics of Tradition*, hg. von Irene Eber. New York 1986, S. 3–21.

8 Mozi, der Namensgeber der mohistischen Denkschule,

soll das Gebot einer allumfassenden oder gegenseitigen Liebe vertreten haben, was in einem markanten Kontrast zur konfuzianischen Unterteilung der menschlichen Gemeinschaft in verschiedene Bereiche (Selbst, Familie/Klan, Fürstentum usw.) mit je eigenen leitgebenden Werten steht.

9 Für die Ausdrücke »sub specie consensus« und »sub specie belli« siehe Raymond Geuss, *History and Illusion in Politics*. Cambridge 2001.

10 Der politische Philosoph Leo Strauss (1899–1973) hat darauf hingewiesen, dass Autoren und Autorinnen unter gewissen Umständen (z. B. unter Zensurbedingungen) mit einem Text gleichzeitig zwei Adressatenkreise ansprechen, eine direkt und für alle offensichtlich adressierte exoterische Leserschaft und eine spezifisch adressierte esoterische Leserschaft, welche die im Text verborgene, gleichsam an den Rändern und zwischen den Zeilen platzierte und damit für andere nur schwer erkennbare Botschaft zu entschlüsseln imstande sind.

11 Tu Weiming, »Intellectual Effervescence in China«, *Daedalus*, Vol. 121, Nr. 2, (1992), S. 251–292.

12 Ebd., S. 281.

13 Ebd., S. 279.

14 Ebd., S. 261.

15 Ebd., S. 285.

16 Ebd., S. 288.

Einige Nachgedanken

1 Ich danke Jonathan Keir, Chan Kang 詹康, Philippe Brunozzi sowie nicht zuletzt Zhang Guangda 張廣達 für ihre Anregungen und kritischen Nachfragen, die mir sehr geholfen haben.

2 Ganz ähnlich kritisiert der Philosoph Thomas Fuchs den »Idealismus der Information« für die »Ausblendung des *Lebens* oder der *lebendigen Subjektivität*« (siehe ders., *Verteidigung des Menschen. Grundfragen einer verkörperten Anthropologie*. Berlin 2020, S. 30). Bei Tu verbindet sich solche Kritik jedoch mit dem Anspruch, aus

dem Horizont der chinesischen Kultur heraus als Diagnostiker einer missglückten *westlichen* Moderne auftreten zu können.

3 Zu dieser Thematik vgl. Gernot Böhme, *Bewusstseinsformen*, Paderborn 2017, S. 212 ff.; sowie die kritische Analyse in Edward Slingerland, *Mind and Body in Early China: Beyond Orientalism and the Myth of Holism*. Oxford 2018.

4 Ders., *Das Wichtigste im Leben: Wang Yangming (1472–1529) und seine Nachfolger über die »Verwirklichung des ursprünglichen Wissens«*, Basel 2010, S. 787.

5 Tu hat sich schon früh mit dem Dalai Lama ausgetauscht und ein Bündnis zwischen Globalisierungsgegnern und indigenen Denksystemen (S. 57 f.) angestrebt. Vgl. *The New Physics and Cosmology: Dialogues with the Dalai Lama*, hgg. von Zara Houshmand und Arthur Zajonc. Oxford 2004; sowie Amitav Ghoshs Überlegungen zu einer »vitalistischen Politik«, siehe ders., *The Nutmeg's Curse. Parables for a Planet in Crisis*. London 2021, S. 235 ff.

6 Die Formulierung »Kontinuität des Seins« geht auf Arthur Lovejoy zurück. Vgl. Tu Wei-Ming, »Continuity of Being: Chinese Visions of Nature«, in: ders., *Confucian Thought: Selfhood as Creative Transformation*, Albany 1985, S. 35–50. – Man kann ebenso die Frage stellen, ob der Rückgriff auf die Sprache der westlichen Philosophie nicht eigentlich die besondere Natur einer Meditationserfahrung verdeckt, bei der die Wirklichkeit als ein einziger, ungeteilter Strom, und damit jenseits jeder Vorstellung von einem statischen Sein, aufscheint. Zur »Revolte gegen den Dualismus« bei Lovejoy, Dewey and Whitehead vgl. Michael Hampe, *Erkenntnis und Praxis. Zur Philosophie des Pragmatismus*. Frankfurt am Main 2006, S. 48, Kapitel 7.

7 Dante, *Paradiso*, XVII; vgl. Erich Auerbach, »Zur Dante-Feier« (1921), in: *Erich Auerbach. Geschichte und Aktualität eines europäischen Philologen*, hgg. von Martin Treml und Carlo Barck. Berlin 2007, S. 407 f.

8 So können in Tu Weimings Windschatten heute Philosophen wie Owen Flanagan, Bryan Van Norden, Sorhoon Tan, Takahiro Nakajima oder David B. Wong kon-

fuzianische Ideen als neuste Erscheinungsform einer »globalen Philosophie« interpretieren. Vgl. auch Stephen C. Angle und Justin Tiwald, *Neo-Confucianism: A Philosophical Introduction*, Cambridge 2017.

9 Für einen kritischen Blick auf Tus Moderneverständnis siehe Heiner Roetz, »China – eine andere Moderne?«, in: Thomas Schwinn, Hg., *Die Vielfalt und Einheit der Moderne. Kultur- und strukturvergleichende Analysen*. Wiesbaden 2006, S. 131–149.

10 Thomas Fröhlich schreibt sehr richtig über die für Tu Weimings Denken zentrale Idee des »ursprünglichen Gewahrseins« (*liang zhi*): »But *liang zhi* does not belong to this moral vision exclusively: notions of *liang zhi*, after all, proved attractive to Chiang Kai-shek and his followers, as well as to 20th-century Japanese militarists. It seems that there is an inevitable ambiguity to the notion of *liang zhi*.« (ders., *Tang Junyi. Confucian Philosophy and the Challenge of Modernity*, S. 288; vgl. die weiterführenden Überlegungen in Keir, *Peking Eulogy*. Aichtal 2020, S. 29 ff.). Die »Herzenslehre« wird wie unzählige andere Traditionsbestände heute von der kommunistischen Partei Chinas instrumentalisiert (vgl. George L. Israels Essay: https://madeinchinajournal.com/2022/03/08/the-trouble-with-wang-yangming/; letzter Zugriff: 26.10.2022). – Wie die humanistischen Gelehrten des 20. Jahrhunderts stehen wir heute vor der Frage, wie angesichts der sich beschleunigenden politischen und ökonomischen Veränderungen, die immer weniger das Ergebnis demokratischer Partizipation sind, »das Elementare und Gemeinsame der Menschen überhaupt« ins Bewusstsein gerufen werden kann (Auerbach, *Mimesis. Dargestellte Wirklichkeit in der abendländischen Literatur*. Tübingen und Basel 1946, S. 513).

Verzeichnis der Beitragenden

Huang, Kuan-Min, Ph.D. in Philosophiegeschichte an der Universität Paris-Sorbonne, Direktor des Institute of Chinese Literature and Philosophy an der Academia Sinica in Taipeh. In seiner Forschung beschäftigt er sich mit den Themen Subjektivität, Einbildungskraft, Landschaft, Emotionen und Orte. Unter seinen neueren Veröffentlichungen sind zwei Bücher in chinesischer Sprache: *On the margins of Imagination: Overflowing of the Poetics of Gaston Bachelard* (2014), *Reverberation and Affective Communication: Investigations on Tang Junyi's Philosophy* (2018) sowie ein Buch in französischer Sprache: *Un autre souci de soi. Le sens de la subjectivité dans la philosophie chinoise antique* (2016).

Jonathan Keir ist als Stiftungsreferent für die Karl Schlecht Stiftung in Aichtal, Baden-Württemberg, tätig. 2014 hat er an der Universität Tübingen mit einer Dissertation u. a. über Tu Weiming promoviert. Von 2015 bis 2017 führte er ein Buchprojekt über Hans Küng (»From Global Ethic to World Ethos?«) am Weltethos Institut Tübingen durch. 2018/19 arbeitete er als Associate Researcher an Tu Weimings Institute for Advanced Humanistic Studies an der Universität Beijing, woraus sein Buch *Peking Eulogy* (2020) entstanden ist. Seit Ende 2020 lebt der gebürtige Neuseeländer wieder in Deutschland, wo er u. a. ein neues Buch über Erich Fromm vorbereitet und Lehrveranstaltungen an der Universität Tübingen zum Thema »Spiritual Humanism« anbietet.

Guje Kroh, Studium der Sinologie, Philosophie und Geschichte der Medizin in Würzburg, Tainan und München. 2021 Dissertation über den wahrscheinlich gegen Ende der Tang-Zeit entstandenen Text *Su lü zi* (derzeit in Überarbeitung für die Publikation). Mitarbeiterin am Institut für Sinologie der LMU München. Bis 2010 Mitarbeit in Projekten zu Texten aus der chinesischen Medizin am Institut für Geschichte der Medizin der LMU München. Geistes- und begriffsgeschichtliches Forschungsinteresse mit Schwerpunkt auf dem alten und mittelalterlichen China.

Kai Marchal lehrt Philosophie an der National Chengchi University und forscht zu Fragestellungen der Ethik, interkulturellen politischen Theorie und chinesischen Philosophie. Er veröffentlichte zahlreiche wissenschaftliche und literarische Texte in deutscher, englischer und chinesischer Sprache. Zuletzt erschienen *Weisheit. Neun Versuche* (Mitherausgeber Michael Hampe, Berlin 2021) sowie ein Sammelband in chinesischer Sprache zum analogischen Denken (Taipeh 2022).

Herta Nagl-Docekal ist Univ.-Prof. i. R., Institut für Philosophie der Universität Wien; Mitglied der Österreichischen Akademie der Wissenschaften; Membre tit. des Institut International de Philosophie, Paris. Sie war Vizepräsidentin der FISP (2008–2013). Rezente Bücher: *Leibniz heute lesen* (hg. Berlin 2018), *Innere Freiheit. Grenzen der nachmetaphysischen Moralkonzeptionen* (Berlin 2014), *Glauben und Wissen. Ein Symposium mit Jürgen Habermas* (Mitherausg. Berlin 2007). Nagl-Docekal hielt mehrmals Vorträge im Rahmen des von Tu Weiming organisierten Songshan Forums, Dengfeng, Henan, China. http://homepage.univie.ac.at/herta.nagl/

Helwig Schmidt-Glintzer ist ein deutscher Sinologe und Publizist. Er lehrt seit 1981 auf ostasienwissenschaftlichen Lehrstühlen in München und Göttingen, war seit 1993 Direktor der Herzog August Bibliothek Wolfenbüttel und ist seit 2016 Seniorprofessor an der Eberhard Karls Universität und Direktor des China Centrum Tübingen. Zuletzt erschien von ihm in der Reihe Fröhliche Wissenschaft bei Matthes & Seitz Berlin *Der Edle und der Ochse. Chinas Eliten und ihr moralischer Kompass* (2022).

Hans van Ess studierte Sinologie, Turkologie und Philosophie an der Universität Hamburg. Es folgte ein Studium an der Fudan-Universität Shanghai von 1986 bis 1988. 1992 wurde er an der Universität Hamburg von Hans Stumpfeldt promoviert. Von 1992 bis 1995 war Hans van Ess als Länderreferent beim Ostasiatischen Verein Hamburg tätig, bevor er Assistent am Sinologischen Seminar der Universität Heidelberg wurde. 1998 erfolgte die Habilitation in Hamburg und im selben Jahr folgte er einem Ruf auf den Lehrstuhl für Sinologie der Ludwig-Maximilians-Universität München, den zuvor Wolfgang Bauer innegehabt hatte. Seit März 2015 ist van Ess überdies Präsident der Max Weber Stiftung. 2020 wurde er in die Akademie der Wissenschaften und der Literatur gewählt.

Ralph Weber ist Professor für European Global Studies an der Universität Basel. Zu seinen Forschungsgebieten zählen die komparative und chinesische Philosophie und die Politik der VR China. Er war der für Besprechungen von europäischen Neuerscheinungen zuständige Herausgeber bei *Philosophy East and West* (2012–2021) und Präsident der Europäischen Vereinigung für chinesische Philosophie (2017–2021). Er hat zu Tu Weiming zahlreiche Aufsätze veröffentlicht. Derzeit leitet er ein mehrjähriges Forschungsprojekt zum modernen Konfuzianismus aus der Perspektive einer Soziologie der Philosophie.

Erste Auflage Berlin 2023

Großbeerenstraße 57 A | 10965 Berlin
info@matthes-seitz-berlin.de

Satz: psb, Berlin
Druck und Bindung: GGP Media GmbH, Pößneck
Umschlaggestaltung nach einer Idee
von Pierre Faucheux
ISBN 978-3-7518-0543-8
www.matthes-seitz-berlin.de